ÄGYPTEN

KARL MÜLLER VERLAG

ÄGYPTEN

Text
Isabella Brega

Layout
Patrizia Balocco Lovisetti

Redaktion
Laura Accomazzo

Grafische Gestaltung
Anna Galliani

Titel der Originalausgabe: Egitto
Übersetzung aus dem Italienischen:
Dr. Marion Pausch
Lektorat: Susanne Kattenbeck

ISBN 3-86070-836-8

1 2 3 4 5 3 2 1 00 9

INHALT

1 *Das Wahrzeichen Ägyptens sind die Pyramiden. Dieses Foto zeigt die Spitze der beeindruckenden Chephrenpyramide.*

2 *Der geheimnisvolle Sphinx von Giseh*

3–6 *Die künstlerische Gestaltung der Objekte, die man in den Gräbern der Pharaonen entdeckte ist einzigartig in der Geschichte. Bei dem hier abgebildeten Detail handelt es sich um einen kleinen vergoldeten Holzschrein, den man in der Vorkammer des Grabes des Tutanchamun entdeckte.*

7 *Die Kuppeln der Mausoleen der Mameluckenherrscher thronen über Kairo. Diese Grabdenkmäler befinden sich sowohl inmitten der Stadt als auch im Norden und Süden, östlich der Stadtmauer.*

EINLEITUNG

Die Geschichte Ägyptens ist die eines stetigen Kampfes: Der Nil muss sich gegen die Wüste behaupten, die Pyramiden drohen im Sand zu versinken und die Menschen bemühen sich, ihre Geschichte nicht in Vergessenheit geraten zu lassen. Das ewige Ringen zwischen Werden und Vergehen, spielt sich in einem Land ab, das sich seit Jahrtausenden im Wechsel der Jahreszeiten und zyklischen Hochwasserperioden des Nil erneuert.

Ägypten zieht an und stößt ab, wirkt vertraut und gibt doch stets neue Rätsel auf. Man kennt die Pyramiden und den Sphinx von unzähligen Bildern und Postkartenansichten und doch wissen wir bis heute kaum mehr als einige Lebensdaten von Baumeistern oder Herrschern, die diese grandiosen Monumente erbauen ließen. Aus heutiger Sicht wirken die Pyramiden und viele andere Grabstätten jedoch auch übertrieben. Man empfindet sie als anmaßende Denkmäler, die eine winzige Schicht übermächtiger Könige sich nur setzen konnte, weil Tausende von Menschen Schwerstarbeit leisteten. Die Pharaonen, die sich für die irdische Inkarnation der Götter und damit für unsterblich hielten, versuchten ihre Allmacht durch gigantische Bauwerke und komplexe Grabstätten auszudrücken. Dies hinderte jedoch Grabräuber nicht daran, die heiligen Stätten zu entweihen, die Mumien der Könige zu stehlen und sie – im Ganzen oder zu Pulver zermahlen – an europäische Sammler oder Händler zu verkaufen.

Der Totenkult spielte im alten Ägypten eine überaus wichtige Rolle. Die Grabräuber, die bereits zur damaligen Zeit die letzten Ruhestätten der Pharaonen heimsuchten, waren eine lästige Plage. Dabei ging es den Nachfahren der Verstorbenen wohl nur in zweiter Linie um die entwendeten Beigaben. Im Vordergrund stand die Angst, den Toten in seiner Ruhe zu stören. Die sterblichen Überreste der Herrscher wanderten daher in der Antike von Grab zu Grab, um sie vor Plünderern zu schützen, bis es schließlich gelang, einige Leichname in Felsengräbern dauerhaft zu verbergen.

Ihren heutigen Wert erhielten die Überreste der Vergangenheit zum einen, weil nur wenige Gräber den wachsamen Augen der Plünderer entgingen, zum anderen aber auch, weil sich erst im Lauf der Zeit ein Bewusstsein für die Geschichte entwickelte und man ernsthaft nach dem Ursprung der Menschheit, nach alten Zivilisationen und antiken Hochkulturen zu forschen begann.

Nur wenige Bauten auf der Welt veranschaulichen so deutlich wie die ägyptischen die dahinter stehende Weltsicht. Nur wenige Kunstobjekte wirken so vollkommen und zugleich unvergänglich wie die Büste der Nofretete und nur wenige Länder warten mit einer derartigen Fülle weltberühmter Bauwerke auf. Selbst Staaten wie China, die auf eine jahrtausende alte Geschichte zurückblicken, vermochten die Namen ihrer Herrscher der Menschheit nicht so einzuprägen, wie dies bei den ägyptischen Pharaonen gelang und auch hier war es sicher von Bedeutung, dass man die mächtigen Könige erst mühevoll neu entdeckte, ihre Geheimnisse lüften und ihre Schrift entziffern konnte. Das Land ist vor allem deshalb so attraktiv, weil es

***8–9** Seit Jahrtausenden verbindet sich die Geschichte Ägyptens mit seiner Lebensader, dem Nil. Bevor man den Assuan-Hochdamm erbaute, trat der Fluss alljährlich über die Ufer, überschwemmte das Land und ließ auf den Äckern fruchtbaren Schlamm zurück. Seit es den Damm gibt, verfügt Ägypten mit Ausnahme der Monate Januar und Februar ganzjährig über Wasser. Die Luftaufnahme zeigt den Nil auf der Höhe von Luxor.*

9 oben *Die meisten archäologischen Stätten Ägyptens – hier ein Detail des mächtigen Tempels von Luxor – liegen am Nilufer oder einsam in der Wüste, was ihren Reiz noch steigert.*

10 oben links *Mit einer Gesamtlänge von 6671 km und einem Einzugsbereich von 2,87 Millionen Quadratkilometern ist der Nil der größte Strom Afrikas. Die Landwirtschaft in Ägypten hängt seit jeher vom Nil ab. Diese Luftaufnahme zeigt Bauern, die im Licht der aufgehenden Sonne auf den Feldern arbeiten.*

10 oben rechts *Dank der günstigen klimatischen Bedingungen wachsen die unterschiedlichsten Pflanzenarten entlang des Nil. Der ägyptische Lotos gedeiht hier ebenso wie Akazien, Papyrus und Wasserhyazinthen. Letztere stammen eigentlich aus Südamerika, verstopfen inzwischen aber 80 % der Zuleitungen zu den Feldern am Nil und sind zu einer wahren Plage geworden.*

10–11 *Der fruchtbare Schlamm, den der Nil über Jahrtausende während seiner Hochwasserperioden an den Ufern zurückließ, hat zu beiden Seiten des Flusses einen etwa 20 km breiten Streifen fruchtbaren Landes geschaffen. Hauptexportartikel Ägyptens ist Baumwolle.*

sich nur Stück für Stück erschließt, weil immer wieder sensationelle Funde auftauchen. Bestes Beispiel ist das Grab des Tutanchamun, das Howard Carter 1922 in fast unberührtem Zustand zusammen mit dem herrlichen Grabschatz entdeckte.

Natürlich haben die Ägypter im Lauf der Jahrtausende gelernt, wie man die Erwartungen der Reisenden wach hält, wie man sie immer wieder für die Kultur des Landes am Nil begeistert. Dies belegen zum Beispiel die Mumienporträts, die man in der Nekropole von Beni Hasan fand: Wie viele andere Kostbarkeiten aus ägyptischen Gräbern und Tempeln haben auch sie ihre Reise durch die Museen der Welt angetreten. Ägypten rückt uns auf diese Weise näher und bleibt doch immer ein Stück weit distanziert.

Auch der Gegensatz von Hell und Dunkel war für die Ägypter stets prägend. Das gleißende Licht der Wüstenregion bildet einen scharfen Kontrast zum ewigen Dunkel der Grabkammern. Hier setzte man die Körper der Toten bei, nachdem man sie mit kostbaren Ölen gesalbt, mit wohlriechenden Kräutern eingerieben und mit Leinenbinden umwickelt hatte. Im Lauf der Jahrtausende verwandelten sie sich in jene faszinierenden und doch zugleich Furcht einflößenden Mumien, die den Archäologen in der Vergangenheit wertvolle Informationen über die Bestattungsriten und die Religion der Ägypter lieferten. Die Mumien machen den Verstorbenen außerdem gewissermaßen greifbar: Sethos I. ist nicht nur irgendein Herrscher, der vor langer Zeit lebte und starb, sondern nach wie vor ein Individuum mit einem Körper und einem, wenn auch stark entstellten Gesicht. Deshalb wirken die Pharaonen auch lebendiger als die alten Griechen oder die römischen Imperatoren, die man nur von leblosen Steinskulpturen kennt.

Kaum ein anderes Volk der Antike verwandte so viele Gedanken auf die Unsterblichkeit der Seele. Unerschütterlich glaubten die Menschen an ein Leben nach dem Tod und gaben ihren verstorbenen Angehörigen daher alles mit ins Grab, was diese in ihrem neuen Dasein benötigten. Dabei handelte es sich nicht nur um kostbaren Schmuck, sondern auch um alltägliche Gebrauchsgegenstände oder sogar um schlichte Blumengirlanden, die die Vergänglichkeit der Existenz besonders deutlich unterstrichen.

Obwohl seitdem Jahrtausende vergangen sind, können wir uns dank dieser Funde das Leben im alten Ägypten annähernd vorstellen. Interessant sind in diesem Zusammenhang die Mastabas, zum Beispiel in Sakkara, deren Wandgemälde und Fresken uns einen Eindruck vom Alltag der Menschen zur Zeit der Pharaonen vermitteln.

Bereits in der Antike galt Ägypten als beliebtes Reiseziel. Zu den ersten Touristen, die ihre Eindrücke in ausführlichen Berichten niederschrieben, gehörten unter anderem der griechische Geschichtsschreiber Herodot, der Geograph und Historiker Strabo, der Historiker Diodor aus Sizilien sowie der römische Kaiser Hadrian. Auch Alexander der Große bereiste Ägypten und ließ sich in der Oase Siwa seinen Anspruch auf den Pharaonentitel legitimieren.

Etwa um 1250 wurden die ägyptischen Pyramiden, die man bis zum

Mittelalter für die in der Bibel erwähnten Kornspeicher des Pharaos hielt, auf einem Mosaik der venezianischen Markuskirche dargestellt. Von den Kreuzzügen bis ins 18. Jahrhundert zog es vor allem Kaufleute und Pilger nach Ägypten. Mit ihnen gelangten jedoch auch Kunstschätze und sogar Mumien nach Europa, für die sich eine kleine Gruppe von Gelehrten und Sammlern begeisterte. Die Kuriositätenkabinette waren die Vorläufer der späteren Museen und manche antike Kostbarkeit wanderte in die Kollektionen des Britischen Museums in London, des Louvre in Paris oder des Ägyptischen Museums in Turin.

Ägyptens Anziehungskraft sollte ab dem 19. Jahrhundert noch beträchtlich steigen. Auslöser der Begeisterung war zweifellos die Ägyptische Expedition: Im Jahr 1798 versuchte Napoleon I., den britischen Nachschub aus den Kolonien abzuschneiden, indem er das Land am Nil besetzte. Mit ihm reisten jedoch neben den Soldaten auch 15 Kartographen und 160 Maler, Geographen, Architekten und Gelehrte der unterschiedlichsten Disziplinen. Die Resultate ihrer unermüdlichen Arbeit, die sie zum Teil unter schwierigsten Bedingung leisteten, schrieben die Wissenschaftler in der ebenso berühmten wie monumentalen „Description de l'Égypte" nieder. Daneben veröffentlichten viele der Forscher und Künstler auch Reisetagebücher oder Bildbände, in denen sie ihre Erlebnisse schilderten. In seinem populärwissenschaftlichen Werk „Götter, Gräber und Gelehrte", das in 26 Sprachen übersetzt wurde, schreibt C. W. Ceram: „Diese Expedition Napoleons, militärisch missraten, bewirkte dennoch, auf lange Sicht gesehen, die politische Erschließung des modernen Ägypten und die wissenschaftliche des antiken. Denn an Bord der französischen Flotte hatten sich nicht nur zweitausend Kanonen befunden, sondern auch hundertfünfundsiebzig ‚gelehrte Zivilisten', von den Seeleuten und Soldaten mit prägnanter, doch fehlgehender Kürze ‚die Esel' genannt; ganz abgesehen von einer Bibliothek mit nahezu allen in Frankreich aufzutreibenden Büchern über das Land am Nil und von Dutzenden von Kisten mit wissenschaftlichen Apparaten und Messinstrumenten."

Mit der Ägyptischen Expedition schlug die Geburtsstunde der Ägyptologie, als die Forscher im Jahr 1799 den Stein von Rosette entdeckten, der ein Priesterdekret in hieroglyphischer und demotischer Schrift mit griechischer Übersetzung enthält. Mithilfe dieses Steins gelang es Jean François Champollion im Jahr 1822 die Hieroglyphen zu entschlüsseln. Nun kamen Ägyptenreisen in Mode und die Jagd nach den Altertümern begann. Aus persönlichen Gründen, um das Ansehen ihres Heimatlandes zu steigern, aus finanziellem Interesse oder einfach nur aus Neugierde fuhren nun immer mehr Schriftsteller, Weltenbummler, Abenteurer und Diplomaten nach Ägypten. Die meisten unter ihnen versuchten, in möglichst kurzer Zeit möglichst viele antike Funde in Tempeln oder Gräbern aufzuspüren, um sie ihren eigenen Sammlungen einzuverleiben oder um sie möglichst Gewinn bringend zu verkaufen. Mit Brecheisen und Dynamit verschafften sie sich Zugang zu den Pyramiden. Sie gruben, zeichneten, kopierten Reliefs und

12–13 *Die Millionenstadt Kairo nähert sich immer weiter den Pyramiden von Giseh. Die größte der drei Pyramiden, die Cheopspyramide, ist als letztes der sieben Weltwunder der Antike noch erhalten. Zu diesen gehörten auch der Leuchtturm auf der Insel Pharos bei Alexandria, die hängenden Gärten in Babylon, der Tempel der Artemis in Ephesos, das Kultbild des olympischen Zeus von Phidias, das Mausoleum in Halikarnassos und der Koloss von Rhodos.*

13 oben *Die Sphinx, das rätselhafteste Monument Ägyptens, hat stets die Neugier der Reisenden erregt. Mehrmals lag der Löwe mit dem Menschenkopf unter Sand begraben. Heute bedrohen vor allem die Abgase der nahen Hauptstadt sowie unterirdische Wasserläufe die Stabilität der aus einem einzigen Steinblock gehauenen Skulptur.*

14 und 14–15 *Die Wandbilder im Grab des Paschedu, eines „Dieners im Sitze der Wahrheit“, in Deir el-Medina, bestechen durch ihre Eleganz und die hervorragend erhaltenen Farben. Die Wände sind mit Texten aus dem Totenbuch verziert. In dem Tal liegen Felsengräber der 19. und 20. Dynastie sowie Überreste einer Arbeitersiedlung und ein kleiner ptolemäischer Tempel.*

15 *Das Grab des Sennefer, des „Vorstehers von Theben“, befindet sich in der thebanischen Nekropole von Schech Abd el-Kurna, die hohen Würdenträgern der 18. Dynastie vorbehalten war. Eine in den Fels gehauene Treppe mit 43 Stufen führt zu der Gruft. Sie besteht aus einem Vorraum und dem reich bemalten Pfeilersaal. Die Bilder illustrieren Rituale des Totenkultes. Die Ausgestaltung des Vorraums als Weinlaube gab der Grabstätte ihren Namen: Tombeau des Vignes („Grab der Weinreben“).*

Wandgemälde und schleppten Statuen, Säulen, Obelisken und Mumien davon.

In der zweiten Hälfte des 19. Jahrhunderts gründete Auguste Mariette den „Service des Antiquités de l'Égypte“, den Ägyptischen Altertumsdienst, der die archäologischen Grabungen überwachen und die antiken Kulturdenkmäler schützen sollte. Das gleiche Anliegen vertrat auch die von Gaston Maspero gegründete Schule für Orientalische Archäologie. Die Suche gestaltete sich nun systematischer und mit der Auflage, das ägyptische Kulturerbe nach besten Kräften zu bewahren und der Öffentlichkeit zugänglich zu machen. Begründer der wissenschaftlichen Grabungsmethoden in Ägypten war der 1853 in London geborene Archäologe Flinders Petrie. Er entwickelte ein chronologisches System, das die Evolution einer Kultur durch Schichtenfolgen von Keramiken belegte und „schabte“, wie C. W. Ceram schreibt, „tatsächlich ganz Ägypten ab.“ Heerscharen von Forschern begannen nun Ägypten zu untersuchen, eine Arbeit, die 1922 den wohl sensationellsten Fund des Jahrhunderts, das Grab des Tutanchamun, zutage brachte.

Seit jeher galt Ägypten als rätselhaft und geheimnisvoll. Im ausgehenden 18. Jahrhundert zog es deshalb gerade Künstler und Schriftsteller der aufkommenden Romantik hierher, die dieses Bild von Ägypten noch verstärkten. Sie schilderten das Land am Nil als exotische Schaubühne einer orientalischen Kultur voller Mysterien, denen nachzuspüren sie sich zum Ziel gesetzt hatten, oder malten sich selbst in arabischen Gewändern vor dem Hintergrund kaum erforschter Stätten. Zu Beginn des 20. Jahrhunderts kam dann die Mär vom Fluch des Pharaos auf, geisterte jahrelang durch die Presse und verlieh jeder Ägyptenreise einen leicht gruseligen Reiz. Die Rache des Pharaos sollte angeblich all diejenigen treffen, die sein Grab öffneten und ihn in seiner Ruhe störten. Tatsächlich fanden gewitzte Reporter angebliche Opfer des Fluchs. In den 30er-Jahren beschäftigten sich einige Ägyptologen mit den Meldungen und fanden heraus, dass alle Todesfälle natürliche Ursachen hatten und nichts auf einen Fluch des Tutanchamun hindeutete.

Das kosmopolitische Alexandria und die Moscheen von Kairo, der Suezkanal und die imposanten Zeugnisse der Pharaonenmacht an den Ufern des Nil, die einsamen Oasen und Klöster in der Wüste und die mondänen Badeorte am Roten Meer, sie alle gehören zu Ägypten und machen seinen unverwechselbaren Reiz aus. Trotz der Eroberung durch Perser, Griechen, Römer und Araber identifizieren sich die Bewohner Ägyptens nach wie vor mit ihrer jahrtausendealten Vergangenheit und ihren Symbolen, der Sphinx, den Pyramiden und den Tempeln. Vieles hat sich seither verändert: Immer weiter nähert sich Kairo der antiken Stätte von Giseh, während die Wüste sich von Süden her ausbreitet. Die nubischen Tempel stehen nicht mehr an Ort und Stelle und die Heiligtümer der Insel Philae wurden auf die Insel Agilkia versetzt. Trotz alledem fasziniert Ägypten auch heute noch, in einer Zeit, da Nilkreuzfahrten und Tauchkurse am Roten Meer für fast jedermann erschwinglich geworden sind.

16–17 *Diese Luftaufnahme zeigt den herrlichen Tempelkomplex von Luxor, den Amenophis III. der Thebanischen Triade – Amun-Re, Mut und Chons – weihte. Als der Pharao starb, war der Bau noch nicht vollendet. Unter Tutanchamun und Ramses II. wurde die Anlage erweitert. Letzterer fügte einen großen Säulenhof sowie die monumentale Fassade mit den sechs Kolossalstatuen, die den Pharao darstellten, an. Heute sind von den Statuen nur noch die zwei Sitzbilder erhalten.*

Das Katharinenkloster im Sinai

Die Knickpyramide von Dahschur

Die Insel Schaduan im Roten Meer

Der Nil bei Luxor

Die Oase Ain Umm Ahmed

Blick über den Nasser-See

EINE JAHRTAUSENDEALTE GESCHICHTE

20–21 *Die Ausbreitung der Sahara und die Versandung der Arabischen Halbinsel führten dazu, dass Nomadenstämme sich an den Ufern des Nil niederließen und hier Landwirtschaft betrieben. Zur heimischen Tierwelt kamen Rinder, Esel und Ziegen, die hier auf einer libyschen Städtepalette (um 3100–3000 v. Chr.) abgebildet sind.*

Woher der Name Ägypten stammt, ist bis heute nicht bekannt. Das Wort selbst leitet sich von dem griechischen Begriff *aegyptos* ab und könnte ein Beiname der Stadt Memphis, der antiken Hafenstadt am Nil gewesen sein. Die alten Ägypter nannten ihr Land *kemet,* schwarze Erde, und grenzten es somit von der mit *deshret* bezeichneten roten Erde, der sie umgebenden Wüste ab.

Ägypten liegt im Nordosten von Afrika. Der Staat umfasst heute eine Fläche von etwa einer Million Quadratkilometer. Die Lage zwischen Mittelmeer und Sahara, Schwarzafrika und der Levante hat die Geschichte des Landes stark beeinflusst. Diese lässt sich bis zur Jungsteinzeit (um 5000 v. Chr.) zurückverfolgen, als die Wüste sich von Süden her auszudehnen begann. In

20 unten links *An der Fundstätte von Merimda bei Beni Salama im Delta entdeckte man diesen Kopf, der aus dem 5. Jahrtausend v. Chr. stammt. Er zählt zu den frühesten ägyptischen Plastiken.*

20 unten rechts *Diese Steintafel mit einem stilisierten Rinderkopf und Sternen stammt aus dem 4. Jahrtausend v. Chr.*

21 *Vom 7. bis zum 4. Jahrtausend v. Chr. bildeten sich die Grundelemente der ägyptischen Kultur aus. Die Bevölkerung bestand aus afrikanisch-nilotischen und hamitisch-semitischen Stämmen. Allmählich ersetzten besser gearbeitete und wertvollere Geräte die primitiven Werkzeuge. Dieses Messer mit Steinklinge und Goldgriff entstand zwischen 3370 und 3240 v. Chr.*

der Folge siedelten Gruppen bis dahin nomadisch lebender Jäger und Sammler an den schlammigen Ufern des Nil, denn nur hier gab es genügend Wasser, um die Menschen zu versorgen und um Felder zu bestellen.

Die ersten Bauern Ägyptens pflanzten Hirse und Gerste an und brachten Haustiere wie Rinder, Schafe, Esel und Ziegen mit sich. Bald schon fertigte man primitive Webstoffe und Gefäße aus Ton. Im 7. bis 4. Jahrtausend v. Chr. begann sich die ägyptische Kultur auszubilden. Die Bevölkerung – hauptsächlich afrikanisch-nilotischen Ursprungs mit hamitisch-semitischen Anteilen – war heterogen. Die Vorzeit, auch prädynastische Zeit (um 5000–2900 v. Chr.), umfasst die Jungsteinzeit und die Kupfersteinzeit. Stätten aus dem frühen Neolithikum (Jungsteinzeit) fand man unter anderem bei Badari und Merimda. In jener Zeit formte sich ein politisches System, das nach und nach viele autonome Verwaltungsbezirke (Gaue) übernahmen.
Diese Gaue bildeten um 3500 v. Chr. das Grundgerüst zweier unabhängiger Staaten im Süden und im Norden. Dem Norden, der später als Unterägypten bezeichnet wurde, bescherte das fruchtbare Nildelta größeren Reichtum, zumal die Bewohner begannen, das Wasser mit Dämmen und Kanälen für ihre Zwecke nutzbar zu machen. Die Fürstentümer besaßen identische Verwaltungssysteme mit einem zentralen Sitz und bald schon entwickelten sich erste rudimentäre Formen der Schrift. Die Herrscher, die den Beinamen „Diener des Horus" trugen,

residierten in den beiden Hauptstädten Hierakonpolis und Buto.
Um 2900 v. Chr. begannen Kämpfe eines oberägyptischen Gauverbandes gegen ein libysch beherrschtes Westdeltareich und das Ostdelta. Das Ergebnis dieser Kämpfe war die Einigung des Reiches, vermutlich unter Narmer und die Gründung der 1. Dynastie, die in die Frühzeit (um 2850–2660 v. Chr.) fällt.
Die 1. und die 2. Dynastie nannte man auch thinitische Dynastien nach ihrem bis heute noch nicht identifizierten Herkunftsort This oder Thinis. Diese Bezeichnung taucht in den Schriften des ägyptischen Historikers Manetho auf, der Priester im Tempel von Heliopolis war. Im Jahr 250 v. Chr., während der Herrschaft von Ptolemaios II. Philadelphos, verfasste er die „Aegyptica“, die Ge-

22 links und unten rechts *Die berühmte Narmerpalette aus dem 3. Jahrtausend v. Chr. wurde in Hierakonpolis entdeckt. Narmer vollendete vermutlich die Einigung von Ober- und Unterägypten. Auf der einen Seite der Palette tötet der Herrscher einen Feind, auf der anderen ist er bei einem Triumphzug zu erkennen.*

22 oben rechts *Dieser Deckel ist mit zwei Hunden verziert, die zwei Gazellen verfolgen. Er stammt aus der Vorzeit.*

schichte Ägyptens, in griechischer Sprache.
Die neuen Herrscher galten als gottgleich und als Inkarnation des falkenköpfigen Gottes Horus und besaßen deshalb absolute Macht. Sie nahmen die Organisation des Verwaltungsapparates in Angriff und schufen ein Netz von Handelsverbindungen mit einigen benachbarten Ländern.
Im Verlauf des Alten Reiches (um 2660–2160 v. Chr.) begann die erste große historische Blütezeit Ägyptens, in der sich das mittlerweile geeinte Land konsolidierte und die erstarkte Monarchie die Zentralisierung vorantrieb.
Ab der 3. Dynastie (um 2660 v. Chr.) erklärten die Könige Memphis zur Hauptstadt. Der Überlieferung zufolge hatte der legendäre König Narmer den Ort um 3000 v. Chr. an der Grenze zwischen Ober- und Unterägypten gegründet. Zu den bedeutendsten Herrschern der 3. Dynastie zählt Djoser, in dessen Regierungszeit die erste Pyramidenanlage bei Sakkara entstand. Ihm, vor allem aber seinem Baumeister Imhotep, dem später als Gott verehrten

__23 links__ In Abydos entdeckte man die Grabstele des Djet, des dritten Herrschers der 1. Dynastie. Sie ist mit dem serekh *verziert, einem Zeichen, das den königlichen Palast mit dem Horusfalken und den Namen des Herrschers enthält. Unter Huni, dem letzten König der 3. Dynastie, trat die Kartusche an die Stelle des* serekh.

__23 Mitte__ Djoser, einer der berühmtesten Herrscher der 3. Dynastie (um 2660–2590 v. Chr.), ließ den Komplex von Sakkara mit der typischen Stufenpyramide errichten.

__23 oben rechts__ Diese Statue stellt Imhotep, den Baumeister, Gelehrten und Arzt dar, der das Grab des Djoser in Sakkara schuf. Die Stufenpyramide entwickelte sich aus der Mastaba, der typischen Grabform von Memphis.

__23 unten rechts__ Diese elegante Alabastervase entdeckte man bei Grabungen in Sakkara. Sie belegt die Kunstfertigkeit ägyptischer Handwerker während der 2. Dynastie (um 2730 v. Chr.).

24 *Diese herrliche Dioritstatue von Chephren, dem Sohn des Cheops und Erbauer der zweiten Pyramide von Giseh, entdeckte der Ägyptologe Auguste Mariette 1860 im Taltempel der Stätte.*

25 links *Diese etwa 7 cm hohe Elfenbeinstatuette befindet sich heute im Ägyptischen Museum in Kairo. Es handelt sich um die einzige erhaltene Darstellung von Cheops, einem der bedeutendsten Herrscher der 4. Dynastie, der die größte der drei Pyramiden von Giseh erbauen ließ.*

25 oben rechts *Während der Grabungsarbeiten, die man 1908 an der Mykerinospyramide, der kleinsten der drei Pyramiden von Giseh, durchführte, entdeckte man fünf Gruppen von Statuen. Dieses Foto zeigt die berühmte Mykerinostriade: die Göttin Hathor, Mykerinos und die Gaugöttin von Diospolis Parva.*

25 unten rechts *Im Unterschied zu seinen Vorgängern beschloss Userkaf, der erste Herrscher der 5. Dynastie (hier mit der Krone Unterägyptens), seine Grabstätte in Sakkara zu errichten. Die Statue entdeckte man 1957 bei Grabungen in einem Sonnentempel, den der König in Abusir hatte erbauen lassen.*

Gelehrten und Arzt, verdanken wir die grandiose Stufenpyramide von Sakkara. Sie hatte sich aus der charakteristischen Form der Gräber von Memphis, der Mastaba, entwickelt.

Seinen Höhepunkt erreichte das Alte Reich mit der 4. Dynastie (um 2590–2470 v. Chr.) unter Snofru, der eine Reihe von Feldzügen nach Nubien, Libyen und in den Sinai unternahm. Andere bedeutende Herrscher waren Cheops, Chephren und Mykerinos. Aus dieser Zeit stammen auch die drei mächtigen Pyramiden von Giseh, zweifellos die imposantesten Meisterwerke der ägyptischen Architektur.

Unter der Herrschaft der 5. Dynastie (um 2470–2320 v. Chr.) erlangten die Priesterkaste und die Gaufürsten immer größere Macht. Letztere profitierten vom Prestigeverlust der Zentralgewalt, die sich in zahlreichen Bürgerkriegen aufrieb, die wiederum durch ungleiche Lebensverhältnisse in den verschiedenen Teilen des Landes verursacht wurden. Die einzelnen Städte und lokalen Fürstentümer erhielten dadurch eine erheblich größere Autonomie.

Ungeachtet der politischen Krise lebten die Menschen im Alten Reich nicht schlecht. In jener Zeit ging man dazu über, die Könige als Söhne der Sonne zu betrachten, während Horus, der Schutzgott der Dynastie, mit Aton, dem höchsten Gott, verschmolz. Auf den Innenwänden der Königsgräber tauchten die ersten Texte mit magisch-religiösem Inhalt auf, die mit dem Kult des Sonnengottes Re und dem des Totengottes Osiris in Verbindung standen.

Mit dem Tod von Pepi II. (6. Dynastie, um 2320–2160 v. Chr.), der im Alter von 94 Jahren starb, endete das Alte Reich. Es folgte eine lange Phase des Niedergangs, begleitet von Chaos und innerem Zerfall. Diese Ära (um 2160–2040 v. Chr.) bezeichnet man als Erste Zwischenzeit. In dieser Epoche herrschte die 7. bis 10. Dynastie, wobei verschiedene

Könige zeitweilig gleichzeitig regierten. Das Reich zerfiel schließlich aufgrund der gegensätzlichen Politik einer aus Hermonthis stammenden Dynastie mit Sitz in Theben und einer aus Herakleopolis stammenden Dynastie, die in Memphis residierte. Erst Mentuhotep II., einem thebanischen Herrscher der 11. Dynastie (um 2040–1991 v. Chr.), die das Mittlere Reich (um 2040–1785 v. Chr.) begründete, gelang es, die beiden Teile Ägyptens wieder zu einen. Unter der nachfolgenden 12. Dynastie (um 1991–1785 v. Chr.) stabilisierten sich Land und Monarchie. Unter Sesostris III. und Amenemhet III. erlebte Ägypten eine erneute Blütezeit. Die Verwaltungsbeamten hatten wieder ihren ursprünglichen Rang eingenommen und der Einfluss der Priesterkaste nahm zusehends ab. Gleichzeitig setzte im Faijum eine rege Bautätigkeit ein. Aufgrund einiger erfolgreicher Feldzüge eroberten die ägyptischen Könige unter anderem Nubien, das Tor zu Schwarzafrika. Hier gab es reiche Vorkommen an Gold und Edelsteinen, Elfenbein, Ebenholz und Holz. Dies führte zu einem regen Handel und kolonialer Expansion.

Es gelang den Herrschern jedoch nicht, die permanenten

26 *Mentuhotep II., einem Herrscher der 11. Dynastie, gelang die Wiedervereinigung Ägyptens. Während der Ersten Zwischenzeit hatten die kleinen Fürstentümer gegenüber der zentralen Staatsgewalt immer mehr Macht erhalten. Im Mittleren Reich konnte sich das Land konsolidieren und Theben, der Herkunftsort der herrschenden Dynastie, gewann an Bedeutung.*

26–27 *Dieses Relief zeigt Amenembet III. Mit den Herrschern der 12. Dynastie erlangte Ägypten im Mittleren Reich seine Stabilität zurück. Der König übernahm wieder die Aufgabe des obersten Verwaltungsbeamten und die Priesterkaste verlor an Einfluss.*

27 rechts *Diese Statuen aus grauem Granit zeigen König Amenembet III., einen Herrscher der 12. Dynastie. Unter seiner Regentschaft erlebte das Land eine neue Blütezeit. Man führte erfolgreiche Feldzüge, eroberte unter anderem Nubien mit seinen reichen Goldminen und dehnte das Territorium bis nach Asien aus.*

__28 links__ Dieser Kopf aus bemaltem Kalkstein stammt von der dritten Terrasse des Tempels der Hatschepsut in Deir el-Bahari und stellt die Königin dar. Die Tochter Thutmosis' I. übernahm die Regentschaft für ihren Stiefsohn und Halbneffen Thutmosis III. Sie herrschte 20 Jahre lang, doch nach ihrem Tod rächte sich Thutmosis III., indem er die ihr geweihten Monumente, Bilder und Inschriften zerstören und ihren Namen aus allen Dokumenten streichen ließ.

gen der Königsgräber zu verhindern, deshalb begannen sie, ihre Grabstätten in die Wüste zu verlegen.

Während der Epoche der Zweiten Zwischenzeit (1785–1552 v. Chr.) öffnete die Krise, die sich zur Zeit der 13. und 14. Dynastie (1785–1650 v. Chr.) angekündigt hatte, den Weg für die Hyksos („Fürsten der fremden Völker"). Sie kamen aus den asiatischen Steppen und ließen sich im Delta nieder. Die ägyptische Kultur verdankt ihnen unter anderem den von Pferden gezogenen Streitwagen, den Ölbaum, den vertikalen Webrahmen und Musikinstrumente wie die Lyra, die Laute und das Tamburin. Ihre Herrschaft (15. und 16. Dynastie, 1650–1550 v. Chr.) erstreckte sich über ganz Ägypten, teilweise nach Nubien und sogar bis Syrien.

Kurz vor Beginn des Neuen Reiches (1552–1070 v. Chr.) begannen unter Kamose, dem letzten Herrscher der 17. Dynastie (1560–1552 v. Chr.), die Befreiungskriege.

Mit dem Beginn des Neuen Reiches wurden die Hyksos unter Ahmose I., dem Begründer der 18. Dynastie (1552–1306 v. Chr.), endgültig vertrieben. Die thebanischen Herrscher der 18. bis 20. Dynastie nannten sich erstmals Pharaonen. Unter ihrer Regentschaft wurde Ägypten Weltmacht.

Ahmose I. verleibte Nubien und Syrien dem Reich wieder ein. Unter Thutmosis I. dehnte sich das Reich nach Osten bis zu den Ufern des Euphrat aus. Hatschepsut, die Gemahlin und Nachfolgerin Thutmosis' II. ließ den Terrassentempel in Deir el-Bahari erbauen und unternahm Handelsexpeditionen in das legendäre Land Punt. Thutmosis III., der Stiefsohn und Halbneffe der Königin, bestieg nach dem Tod Hatschepsuts den Thron. Er unterwarf Palästina und Syrien, gegen das er 17 Feldzüge führte. Ägypten reichte nun bis zu den Grenzen Anatoliens.

Amenophis III., der 40 Jahre über Ägypten herrschte, unterhielt diplomatische Beziehungen mit den Babyloniern, den Syrern und dem Reich von Mitanni und ließ den Tempel von Luxor erbauen.

Amenophis IV. versuchte die zunehmende Macht der thebanischen Amun-Priester des Tempels von Karnak einzuschränken und erklärte Aton, die Sonnenscheibe, zum einzi-

28 oben und 29 oben Diese Fragmente bemalter Flachreliefs stammen vom südlichen Portikus der ersten Terrasse des Tempels der Hatschepsut in Deir el-Bahari. Sie dokumentieren eine Handelsexpedition in das Weihrauchland Punt aus dem 9. Regierungsjahr der Königin. Auf einem der Reliefs steht neben Parakhu, dem König von Punt, die äußerst realistisch dargestellte fettleibige Königin Aty (Abbildung Seite 29 oben).

29 Mitte Diese Zeichnung kopiert ein Flachrelief aus dem Terrassentempel der Hatschepsut. Es zeigt das Beladen eines ägyptischen Schiffes mit Waren aus dem Land Punt.

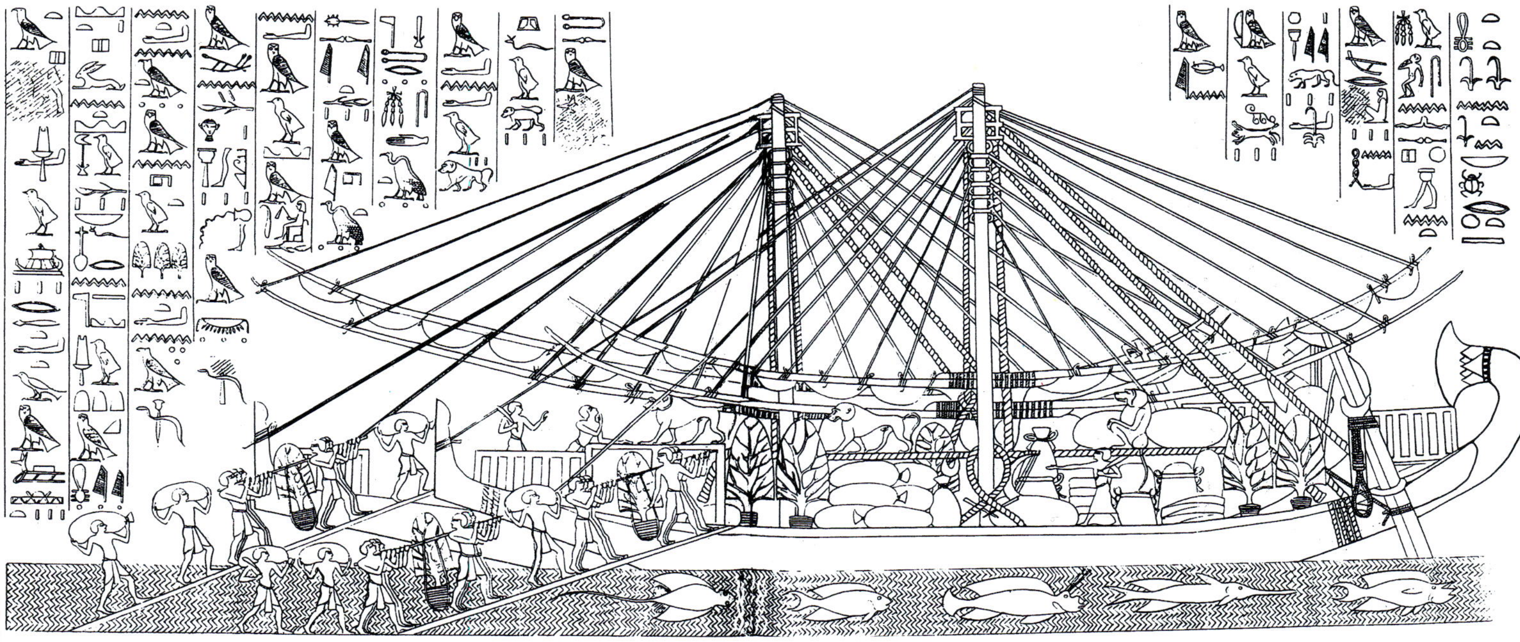

29 unten links Thutmosis III. führte 17 Kriege gegen Syrien, das er bis Karkemisch unterwarf. Unter seiner Herrschaft erlebte Ägypten eine Zeit der Blüte und des Wohlstandes.

29 unten rechts Diese Statue aus grauem Granit stellt Amenophis II. dar. Dem Pharao und seinem Nachfolger, Thutmosis IV., gelang es, die Kontrolle über die Ländereien zu behalten, die Thutmosis I. und Thutmosis III. erobert hatten.

gen Gott. Zu seinen Ehren nahm der Pharao den Namen Echnaton („der Aton gefällt") an und gründete in Mittelägypten eine neue Hauptstadt, Achetaton (Tell el-Amarna). Echnaton verbot den Amunkult und konfiszierte den Besitz des Klerus. Der aufgezwungene monotheistische Kult sollte jedoch eine kurzlebige Erscheinung bleiben. Zu dieser Zeit gewannen die Hethiter in Syrien an Einfluss und in Palästina waren die Chabiru eingedrungen.

Lange Zeit galt Echnaton als erster historisch verbürgter Pharao Ägyptens und regte die Phantasie vieler Wissenschaftler an. In jüngerer Zeit rückte man seine Person und die mit ihm verbundenen Ereignisse jedoch in die rechten Dimensionen.

Der visionäre Herrscher soll sogar eine Hymne an Aton verfasst haben, die älter ist als die biblischen Psalmen. Außerdem engagierte er sich nicht nur auf dem Gebiet der Religion, sondern bemühte sich auch, Kunst und Literatur seiner Zeit zu erneuern. Er forderte realistische Darstellungen, obwohl diese seine nicht übermäßig schöne Gestalt und die relativ feminin wirkenden Züge betonten. Trotz alledem prägte der Pha-

30 oben *Dieses Foto zeigt eine Kolossalstatue des Echnaton aus dem Atontempel von Karnak. Echnatons Bruch mit der religiösen Tradition führte auch zu kulturellen Reformen. Die Statuen konfrontieren den Betrachter nun provozierend mit dem tatsächlichen Aussehen des Herrschers, anstatt ihn, wie früher, idealisiert darzustellen. Der Pharao zeichnet sich durch feminine Gesichtszüge, dicke Oberschenkel und einen Spitzbauch aus.*

30 unten *Der elegante Quarzitkopf aus Memphis stellt vermutlich Königin Nofretete, die Gemahlin des Echnaton, dar.*

30–31 **Echnaton war der einzige Pharao, der sich in seiner Rolle als Familienvater verewigen ließ. Auf den meisten Bildern erscheint er mit seiner Gemahlin Nofretete und einigen ihrer sechs gemeinsamen Kinder. Hier preist das Paar den Gott Aton.**

rao die ägyptische Kultur und Gesellschaft nicht lange: 18 Jahre genügten nicht, um bestehende Traditionen zu ändern. Kaum war der Herrscher gestorben, da vergaßen die Menschen auch schon die Regeln und Gesetze, die er ihnen aufgezwungen hatte. Auf Druck der wieder erstarkten thebanischen Priesterkaste verlegte Tutanchamun, der Nachfolger Echnatons, die Hauptstadt nach Theben. Die Zerstörung von Tell el-Amarna galt als Triumph der alten Ordnung.

Die 18. Dynastie ging mit der Herrschaft von General Haremhab zu Ende. Er verdankte seine Position der Macht des Heeres, das zu diesem Zeitpunkt an Einfluss gewonnen hatte.

Die nachfolgende 19. Dynastie (1306–1186 v. Chr.) sollte die ruhmvollste Ägyptens werden. Berühmte Herrscher dieser Dynastie sind vor allem Sethos I., der den Tempel in Abydos mit Kenotaph (Scheingrab) erbauen ließ, und Ramses II., der größte Bauherr Ägyptens.

31 oben *Das Relief stellt einen hethitischen Krieger dar. Unter Echnaton löste der Bruch mit der mächtigen thebanischen Priesterkaste eine schwere innere Krise aus. Zeitgleich wuchs die Macht der Hethiter.*

31 unten *Dieses Relief unterstreicht die militärische Schlagkraft der Hethiter, die um 1370 v. Chr. unter König Suppiluliuma I. an Macht und Einfluss gewannen. Der Herrscher besiegte das mächtige Reich von Mitanni, das fortan nur noch als hethitischer Satellitenstaat bestand.*

32 *Die Goldmaske des Tutanchamun mit Einlagen aus gefärbtem Glas und Halbedelsteinen (Lapislazuli, Karneol, Türkis) zählt zu den berühmtesten altägyptischen Fundstücken. Sie lag direkt auf den Binden, die das Gesicht des Pharaos verhüllten. Zusammen mit dem Grabschatz des jungen Herrschers wird sie heute im Ägyptischen Museum in Kairo aufbewahrt.*

33 oben links *Dieses Zepter (heka) in Form eines Krummstabes und die Geißel (nekhakha), die Insignien der königlichen Macht, gehörten Tutanchamun.*

33 unten links *Auf diesem Fächer, der sich ebenfalls im Grabschatz des Tutanchamun befand, steht in der Mitte der Name des Pharaos. Jeder Herrscher trug fünf Namen, darunter zwei Hauptnamen, den Vor- und den Nachnamen.*

33 Mitte *Diese Skulptur gehört heute zur Sammlung des Kunsthistorischen Museums in Wien. Sie zeigt Harembab, den letzten Pharao der 18. Dynastie, in Begleitung des Falkengottes Horus. Harembab regierte während des Neuen Reiches. Als einer der Nachfolger Tutanchamuns vollendete er die von dem jungen Pharao begonnene Wiederherstellung der alten Ordnung.*

33 rechts *Diese Alabasterstatue aus dem Tempel von Karnak stellt Pharao Sethos I. (19. Dynastie), den Sohn Ramses' I., dar. Er nahm die Feldzüge gegen die Libyer und Hethiter wieder auf, eroberte Kanaan zurück und stieß bis Kadesch vor. Allerdings gelang es erst Ramses II., seinem Sohn und Nachfolger, die Hethiter endgültig zu besiegen.*

Die Herrscher der 19. Dynastie setzten die Kriege gegen die Hethiter fort und besiegten diese schließlich in der Schlacht von Kadesch (1285 v. Chr.). Von dieser entscheidenden Schlacht und der Rolle, die Ramses II. dabei spielte, berichten verschiedene altägyptische Chroniken und Epen.

Mit der langen Regierungszeit dieses Pharaos ging eine der letzten großen Blütezeiten Ägyptens zu Ende. Ramses II. gilt als einer der bedeutendsten Herrscher der ägyptischen Geschichte. Er schloss einen Friedensvertrag mit den Hethitern und heiratete die Tochter des Hethiterkönigs Chattschuli III. Außerdem ließ er großartige Bauten errichten wie

das Ramesseum und die Tempel in Abydos und in Abu Simbel.

Nur mit Mühe vermochten sich seine Nachfolger gegen die vordringenden Assyrer, Libyer und Seevölker zu behaupten. Auch im Inneren des Staates gab es massive Probleme mit Korruption, Wirtschaftskrisen und der erneut übermächtigen thebanischen Priesterschicht. Im ägyptischen Heer dienten immer mehr Söldner, auf deren Loyalität der Pharao nicht unbedingt vertrauen konnte. Während dieser Schwächeperiode des ägyptischen Reiches siedelten sich die Hebräer in Palästina und Syrien an.

Die latente Krise des ägyptischen Reiches kam während der Dritten Zwischenzeit (1070–712 v. Chr.) mit ganzer Dramatik zum Ausbruch. In Theben gründeten die Hohenpriester des Amun den „Gottesstaat", während die 21. Dynastie (1070–945 v. Chr.) zeitgleich in Tanis im Delta regierte. Die Einheit des Reiches zer-

34 oben *Diese Kartusche enthält den Namen Nofretiris, der Gemahlin Ramses' II.*

34 unten *Dieses Bild, eine von Ippolito Rosellini angefertigte Kopie, ziert die rechte Eingangswand im Pronaos neben dem Haupteingang des Tempels von Abu Simbel. Es verherrlicht die Taten Ramses' II., der hier vor dem Sonnengott Amun-Re einige Feinde erschlägt. Der Gott überreicht ihm dafür das ägyptische Siegesschwert.*

34–35 *Der Name Ramses' II. verbindet sich mit der Schlacht von Kadesch (1285 v. Chr.). Im Tempel von Abu Simbel zeigt ein Relief den großen Pharao auf einem Streitwagen, während er Pfeile auf seine Feinde abschießt.*

35 oben *Die Reliefs von Abu Simbel erinnern an die großen Taten von Ramses II. Hier bespricht der Pharao mit seinen Feldherren die Strategie für die Schlacht von Kadesch. Im unteren Teil des Bildes sieht man ägyptische Soldaten, darunter einige* sherden, *die Rundschilde und Helme mit Hörnern und Scheiben tragen. Diese ehemaligen Piraten wurden ins ägyptische Heer eingegliedert und bildeten später die Leibwache des Pharaos.*

35 unten *Der Ägyptenforscher Ippolito Rosellini kopierte auch dieses Relief im Tempel von Abu Simbel. Die Reliefs gehören zu einer Serie von Bildern, die den Triumph Ramses' II. verherrlichen. Hier tritt der Herrscher mit äthiopischen und nubischen Gefangenen vor Amun-Re und seine Gemahlin Mut. Zwischen Amun-Re und Mut sitzt, der Pharao, nun in Gestalt eines Gottes. Er trägt den* nemes, *das königliche Kopftuch, über dem die Sonnenscheibe thront.*

brach. Die rote und die weiße Krone der Pharaonen, die die Einigung Unter- und Oberägyptens symbolisierten, wurden erneut getrennt. Nubien und Palästina hatten ihre Autonomie zurückerlangt.
Von der Schwäche Ägyptens profitierten einige Militärführer libyscher Herkunft: Sie gründeten die 22. und 23. Dynastie (945–724 v. Chr.) und regierten über ein Land, das in immer kleinere Teile zu zerfallen drohte. Unter der 23. Dynastie herrschten verschiedene Könige zeitgleich über Tanis, Bubastis, Theben und weitere Kleinstaaten des Reiches.
Während der Spätzeit (712–332 v. Chr.) übernahm die 25. Dynastie (712–664/656 v. Chr.), äthiopische Könige aus Napata, die Herrschaft, die 670 v. Chr. von den Assyrern abgelöst wurden. Erst der libysche Fürst Psammetich I. (26. Dynastie, 664–525 v. Chr.) befreite und einte das Land wieder, sodass Ägypten noch einmal eine Blütezeit erlebte. Im Jahr 605 v. Chr. siegte Nebukadnezar II. in der Schlacht von Karkemisch über Ägypten und drängte somit dessen Machtanspruch in Syrien und Palästina zurück. Im Jahr 525 v. Chr. unterwarf Kambyses II. (27. Dynastie, 525–404 v. Chr.) Ägypten, das damit Satrapie des Perserreiches wurde. Zu jener Zeit begann man in Ägypten mit dem Bau eines Kanals vom Roten Meer zum Nil, der jedoch nicht zu Ende geführt wurde.
Die 28.–30. Dynastie (404–343 v. Chr.) bildeten einheimische Herrscher aus dem Delta wie Nektanebos I. und Nektanebos II., sodass Ägypten eine gewisse nationale Eigenständigkeit zurückerhielt. In dieser Phase entstanden die herrlichen Tempel auf der Insel Philae und in Medinet Habu.
Nach einer kurzen Zwischenphase, während der die Perser (31. Dynastie, 343–332 v. Chr.) abermals über Ägypten herrschten, eroberte in der Griechischen Zeit (332–330 v. Chr.) Alexander der Große Ägypten im Jahr 332 v. Chr. Das Reich der Pharaonen gehörte nun zur hellenistischen Welt.

36 links *Dieser Sarkophag aus massivem Silber, der die Mumie Psusennes' I. enthielt, stammt aus der königlichen Nekropole, die Forscher zwischen 1939 und 1940 in Tanis entdeckten. Die alte Hauptstadt des 24. unterägyptischen Gaus liegt am rechten Ufer eines Nilarmes. Sie war Sitz der Herrscher der 21. und 22. Dynastie.*

36 rechts *Diese goldenen Armreife aus dem Schatz von Tanis gehörten zu den Grabbeigaben von Pharao Psusennes I. Sie befinden sich heute im Ägyptischen Museum in Kairo. Die Gruft des Herrschers enthielt vier vollkommen unversehrte Gräber: Außer dem Pharao selbst ruhten hier Amenemopet, Osorkon II. und Scheschonk III.*

36–37 *Dieses reich verzierte Goldblech mit dem magischen Auge (udjat) im Zentrum, fand man ebenfalls im Grab von Psusennes I. Der Körper des Herrschers war von drei Sarkophagen umschlossen, einem großen Sarkophag aus rosafarbenem Granit, einem mumienförmigen Sarkophag aus schwarzem Granit und einem silbernen Sarkophag. Eine Maske schützte das Gesicht des Königs.*

Alexander der Große suchte das Orakel in der Oase Siwa auf und ließ sich dort seinen Anspruch auf den Titel des Pharaos legitimieren. Am Westufer des Deltas gründete er die Stadt Alexandria. Nach seinem Tod fiel Ägypten ab 305/304 v. Chr. an Ptolemaios I. Soter. Die Dynastie der Ptolemäer sollte für rund drei Jahrhunderte über Ägypten herrschen. Das Ptolemäerreich umfasste auch einen Teil der nordafrikanischen Kyrenaika, Zypern, die Ägäis-Inseln, Südsyrien (vor allem Palästina), Gebiete an der kleinasiatischen West- und Südküste sowie Thrakien. In dieser kulturellen Blütezeit wurden unter anderem die Tempel von Dendera, Edfu und Kom Ombo erbaut. Handel und Landwirtschaft erhielten neue Impulse und Alexandria wurde zu einem der führenden kul-

37 unten *Der schwarze Basaltkopf, der den Sohn Psammetichs II. (26. Dynastie) zeigt, befindet sich heute im Louvre. Das Herrschergeschlecht stammte aus der Stadt Sais im Delta und regierte während der Spätzeit. Das von inneren Kämpfen zerrissene Land erlebte in dieser Zeit eine Phase der Konsolidierung und des Wohlstandes.*

turellen Zentren der hellenistischen Welt. Eine Vielzahl unterschiedlicher Kulturen und Religionen existierten nebeneinander, unter anderem verbreiteten sich von hier aus der Serapis- und der Isiskult.
Etwa zeitgleich begann jedoch der unaufhaltsame Aufstieg der Römer. 31 v. Chr. siegte Octavian, der spätere Kaiser Augustus, in der Schlacht von Actium über Antonius und Kleopatra, die letzte Ptolemäerin und eine der beliebtesten Gestalten der ägyptischen Geschichte. Antonius und Kleopatra begingen nach der Niederlage Selbstmord und Ägypten wurde ins Römische Reich eingegliedert. Hiermit begann die Römische Zeit (30 v. Chr.–395 n. Chr.). Ägypten wurde Kronland des römischen Prinzipats, galt als Kornkammer Roms und wurde zunächst von einem Präfekten verwaltet, der zugleich als militärischer Befehlshaber und oberster Richter fungierte. Die Römer vermieden jedoch gleichwohl Eingriffe in die Kultur des unterworfenen Landes und versuchten vielmehr, sich in die Nachfolge der antiken Pharaonen zu stellen. Ale-

38 oben *Der berühmte makedonische Feldherr Alexander der Große eroberte Ägypten im Jahr 332 v. Chr. und gliederte das Land in das hellenistische Reich ein.*

38 Mitte *Der berühmte Leuchtturm von Alexandria, hier auf einem Stich aus dem 18. Jahrhundert, galt als eines der sieben Weltwunder.*

38 unten *Dieser Stich aus dem späten 19. Jahrhundert zeigt Ptolemaios II. Philadelphos bei der Eröffnung des Museions von Alexandria um 290 v. Chr. Dichter, Philosophen und andere berühmte Männer der griechischen Welt besuchten diese Akademie.*

39 oben *Diese Marmorbüste stellt Gaius Julius Caesar dar.*

xandria besaß das Münzrecht und eine eigene Verwaltung. In vielen Bereichen spielte die Stadt eine wichtige Vorreiterrolle. Insbesondere der Isis- und der Osiriskult nahmen von hier aus ihren Weg nach Rom und fanden dort bei der Oberschicht großen Zuspruch. Unter Kaiser Diocletian wurde Ägypten römische Provinz (296) und kam schließlich bei der Teilung des Römischen Reiches (395) an das Oströmische Reich. Die Römer bauten zahlreiche Kanäle und steigerten so den Ertrag des fruchtbaren Landes.

Ein neues Kapitel der ägyptischen Geschichte begann mit der Ausbreitung des Christentums. Nach langen Verfolgungen wurde es den Christen durch Kaiser Konstantin im Jahr 313 (Toleranzedikt von Mailand) gestattet, ihre Religion frei auszuüben. Parallel zu dieser gesellschaftlichen Veränderung entstanden heftige innerkirchliche Auseinandersetzungen um den Glauben. Im Jahr 325 definierte das erste Ökumenische Konzil von Nicäa, dass zwischen Jesus Christus und Gott keine Wesensähnlichkeit *(homoiusios)*, sondern Wesenseinheit *(homousios)* bestehe. Die auf dem Konzil unterlegene Partei der Arianer konnte diese Meinung nicht akzeptieren und wurde seitdem verfolgt. Im Jahr 381 berief Kaiser Theodosius I. das zweite Ökumenische Konzil in Konstantinopel ein und erklärte die katholische Lehre zur Staatsreligion. 391/392 verbot er alle heidnischen Kulte und ordnete an, dass alle Tempel in Kirchen umgewandelt oder zerstört werden sollten. Auch spätere kirchliche Versammlungen versuchten, die

39 Mitte *Dieser Stich von Veronese zeigt den Selbstmord von Antonius und Kleopatra.*

39 rechts *Die Worte „Aegypt Capta" (Ägypten ist erobert) sind auf der Rückseite einer römischen Münze zu sehen.*

39 unten *Marcus Antonius heiratete Kleopatra und ließ sich in Alexandria nieder.*

Frage nach dem Verhältnis von Gott und Jesus Christus zu klären. So entschied die Kirche auf dem vierten Ökumenischen Konzil von Chalcedon im Jahr 451, Jesus Christus sei wahrer Gott und wahrer Mensch zugleich, in seiner Person vereinige er eine göttliche und eine menschliche Natur. Diese Lehre wurde als Zweinaturenlehre (Dyophysitismus) bezeichnet. Ihr entgegen stand die Auffassung, Jesus Christus habe nur eine einzige Natur besessen, nämlich die göttliche (Monophysitismus). Die Monophysiten gründeten unter Führung des Patriarchen Dioskur von Alexandrien eine eigene christliche Kirche in Ägypten, die der Kopten. Von der Gesamtkirche wurden sie ausgegrenzt und als Irrlehrer verfolgt. Im Jahr 551 verfügte Justinian die Schließung des letzten heidnischen Kultortes, des Isistempels auf der Insel Philae in Nubien.

Im Mittelalter (640–1517) eroberten die Araber (638/644) das Niltal. Amr ibn al-As, Kommandeur der Armee von Kalif Omar I., nahm 639 die Festung Babylon unterhalb von Heliopolis am Nil ein und kontrollierte von nun ab das gesamte Tal des Stromes. Alexandria fiel im Jahr 640 und im Jahr 641 gründete Amr ibn al-As das Militärlager Fustat, aus dem später Kairo entstand.

Ägypten blieb für einige Jahrhunderte arabische Provinz. Zunächst setzten die omaijadischen Kalifen von Damaskus (658–750) die jeweiligen Statthalter ein und ab Mitte des 8. Jahrhunderts ging die Macht von den in Bagdad residierenden Abbasiden (750–868) aus. Ägypten wandelte sich in dieser Zeit grundlegend und dauerhaft. In der Verwaltung sprach man arabisch, die Kopten mussten sich den Gesetzen der muslimischen Oberhoheit beugen und der gesamte Staatsapparat wurde mit islamischen Funktionären besetzt.

Von 868 bis 905 regierte die Dynastie der Tuluniden, die erste islamische Dynastie türkischer Herkunft in Ägypten. In dieser Epoche konnte sich Ägypten als muslimisches Land konsolidieren und genoss zeitweise im islamischen Kulturkreis sogar ein höheres Ansehen als der Irak.

Von 905 bis 935 regierten wiederum die Statthalter der Abbasiden, die 935–969 von der Dynastie der Ichschididen abgelöst wurden.

Seine eigentliche ökonomische, kulturelle und künstlerische Blütezeit erlebte das Land jedoch erst, als die Ichschididen die Macht an die Fatimiden (969–1171) abtreten mussten, die die berühmte Azhar-Moschee in Kairo errichteten und die Stadt zu ihrem Hauptsitz machten. Paläste, Moscheen und Basare zeugen vom wirtschaftlichen Wohlstand jener Zeit, in der Ägypten zu den bedeutendsten Warenumschlagplätzen der Welt gehörte.

Die Differenzen zwischen Schiiten und Sunniten machten sich auch im Land der Pharaonen bemerkbar. Ab der Jahrtausendwende traten die meisten Ägypter zum islamisch-sunnitischen Glauben über. Türken, Berber und Mongolen bedrohten in jener Epoche die arabische Welt, während zeitgleich christliche Kreuzfahrer versuchten, das Heilige Land zurückzuerobern. Gegen den Ansturm der Europäer mussten sich vor allem die Aijubiden zur Wehr setzen, nachdem Sultan Salah ad-Din (Saladin) die Fatimiden gestürzt und selbst die Macht in Ägypten übernommen hatte.

Ab 1250 herrschten die Mamelucken, ein Volk türkischer oder tscherkessischer Herkunft, das die Aijubiden im Kriegs- und Staatsdienst eingesetzt

40–41 *Im Jahr 325 hatte das erste Ökumenische Konzil von Nicäa den Arianismus für Ketzerei erklärt und die Wesenseinheit von Gott Vater und Sohn proklamiert. Gegner des Konzils gründeten in Ägypten die koptische Kirche. Das vierte Ökumenische Konzil von Chalcedon bestätigte 451 jedoch das erste Ökumenische Konzil und verurteilte den Monophysitismus.*

41 links *Saladin begründete die Aijubiden-Dynastie, die 1171–1250 über Ägypten herrschte. Er stürzte 1171 die Fatimiden, besetzte 1174 Damaskus und Mittelsyrien sowie 1183 Aleppo. 1187 schlug Saladin ein Kreuzfahrerheer und eroberte Akkon und Jerusalem.*

41 oben rechts *Unter Kaiser Theodosius I. wurde Ägypten oströmische Provinz mit Verwaltungssitz in Alexandria. 391/392 verbot der Kaiser alle heidnischen Kulte und ordnete an, alle Tempel zu zerstören oder in christliche Kirchen umzuwandeln.*

41 unten rechts *Diese Ansicht von Kairo stammt aus dem Pilgerhandbuch des Bernhard von Breydenbach (1480). Die Hauptstadt Ägyptens vergrößerte sich rasch und dehnte sich trotz einer verheerenden Pestepidemie und allgemeinem Chaos auch unter den Mamelucken weiter aus.*

hatten. Die Mamelucken stürzten die Aijubiden und gründeten die Dynastie der Bahriten (1250–1382/1390). Sie zeichneten sich durch eine außergewöhnlich straffe militärische Organisation aus. Als Einzige hatten sie den mongolischen Ilchane widerstehen können, als diese im Jahr 1258 Bagdad eroberten. 1291 gewannen sie Akkon zurück und vertrieben die Christen endgültig aus dem Heiligen Land. Ab 1382/1390 bis 1517 regierte die mameluckische Dynastie der Burdjiten. Insgesamt herrschten die Mamelucken somit fast 300 Jahre über Ägypten.
Der Handel zwischen dem Abendland und dem Orient, aber auch Kultur und Künste erlebten in jener Zeit einen nie da gewesenen Aufschwung, von dem unter anderem die prächtige Sultan-Hasan-Moschee in Kairo zeugt.
Im Jahr 1517 marschierten die Türken in Ägypten ein. Wieder einmal sank das Land auf den Rang einer Provinz ab. Bis 1798 gehörte Ägypten zum Osmanischen Reich und unterstand einem Pascha, wobei jedoch die Mamelucken-Beis die Provinz weitgehend selbständig verwalteten.
Am 2. Juli 1798 landete Napoleon I. in Ägypten. Der Franzose wollte zwar eine direkte Auseinandersetzung mit den Briten vermeiden, andererseits ging es ihm jedoch darum zu verhindern, dass Großbritannien Nachschub aus seinen Kolonien erhielt. Darüber hinaus versuchte

42 oben, Mitte und oben rechts *Diese mit Inschriften und feinen Ziselierungen versehenen Objekte belegen die Kunstfertigkeit und Präzision mameluckischer Waffenschmiede. Im Jahr 1250 übernahmen die Mamelucken die Macht in Ägypten und bescherten dem Land fast 300 Jahre lang Wohlstand und Stabilität. Die ehemaligen Kriegsdiener der Aijubiden waren türkischer oder tscherkessischer Herkunft und herrschten bis 1517.*

42 unten links und unten rechts *Hier sieht man bewaffnete Krieger der Mamelucken. Das linke Bild stammt aus einer europäischen, das rechte aus einer arabischen Künstlerwerkstatt. Trotz der militärischen Orientierung interessierten sich die Mamelucken auch für die Kunst. Einer der bedeutendsten Herrscher der Mamelucken war Baibars I. Er richtete unter anderem einen Postdienst ein und ließ Brücken und Aquädukte erbauen.*

43 oben *Die Mamelucken (hier ein Krieger auf seinem Pferd) bauten während ihrer Herrschaft über Ägypten zahlreiche herrliche Paläste und prächtige Moscheen. Bis 1382/1390 regierte die Dynastie der Bahriten, dann übernahmen die tscherkessischen Burdjiten bis 1517 die Macht. Sie nannten sich nach einem Turm der Zitadelle von Kairo.*

43 unten *Am 22. Januar 1517 besiegte der osmanische Sultan Selim I. Yavuz in Ridanija am Nordrand von Kairo den Mameluckenherrscher Tuman Bei und eroberte auf diese Weise Ägypten. Das Land wurde nun von einem in Konstantinopel ernannten Pascha regiert und besaß nur noch den Status einer Provinz des Osmanischen Reiches.*

44 oben links *Am 21. Juli 1798 fand unweit der Sphinx die Schlacht bei den Pyramiden statt. Den Mamelucken unter der Führung von Murad Bei gelang es nicht, den Vormarsch der Franzosen unter Napoleon I. zu stoppen.*

44 unten links und 45 *Die Briten beantworteten die Ägyptische Expedition mit einem vernichtenden Gegenschlag: Am 1. August 1798 unterlag die französische Flotte, die in der Bucht von Abukir vor Anker lag, den Briten unter Horatio Nelson (Seite 45), Admiral der Königlich Britischen Marine. In seinem Tagebuch schrieb Dominique Vivant Denon, ein Teilnehmer der Ägyptischen Expedition: „Die Orientarmee blieb als Gefangene ihrer eigenen Eroberung zurück.“ Bei der Schlacht bei Abukir (hier ein Bild aus Denons „Voyage dans la Basse et la Haute Égypte“, Paris 1802) versank auch das Admiralsschiff, die „Orient“, mit dem Schatz des Malteserordens. Napoleon I. hatte ihn auf seinem Weg nach Ägypten auf der Insel Malta konfisziert, um damit seinen Ägyptenfeldzug zu finanzieren.*

Napoleon I. das Land zu modernisieren und seine Altertümer zu erforschen. Ein herausragendes Ergebnis der berühmten Ägyptischen Expedition ist die „Description de l'Égypte“ mit einem Umfang von über 7000 Seiten. Dieses Werk, das bis heute zu den bedeutendsten der Ägyptologie zählt, erschien zwischen 1809 und 1828.

Napoleon konnte sich allerdings nicht lange in Ägypten halten. Zwar hatte er die Mamelucken am 21. Juli 1798 in der Schlacht bei den Pyramiden besiegt, doch stand die Bevölkerung den Invasoren feindlich gegenüber und auch die Briten sannen auf Rache. Am 1. August 1798 vernichtete Admiral Nelson die französische Flotte in der Bucht von Abukir. Am 30. August 1801 kapitulierten die Franzosen nach langen Kämpfen gegen die Briten und gegen osmanische Truppen und zogen sich wenige Tage später aus Ägypten zurück.

Nach diesem Zwischenspiel brachen die Auseinandersetzungen zwischen Türken und Mamelucken erneut aus. Mehmed Ali, ein aus Kavala in Makedonien stammender Söldner, stieg zum neuen starken Mann Ägyptens auf. Der des Lesens und Schreibens nicht mächtige Offizier des türkischen Heeres wurde 1805 von der Pforte als Statthalter bestätigt. 1807 vertrieb er die Briten aus Alexandria und stellte die Ordnung wieder her. Im Jahr 1811 schaltete Mehmed Ali die gesamte mameluckische Opposition aus, indem er die 480 Führer der Mamelucken zu sich an den Hof lud und sie dort ermorden ließ.

Unter der Leitung seines Stiefsohnes Ibrahim führte Mehmed Ali zahlreiche Feldzüge durch. 1816–1818 unterwarf Ibrahim die Wahhabiten in

44 rechts *Am 2. Juli 1798 legte Napoleon I. mit einer Besatzung von 38 000 Mann in Alexandria an. Ziel der Expedition war, zu verhindern, dass die Briten Nachschub aus ihren Kolonien erhielten. Diese Lithografie von 1830 zeigt den Einmarsch der Franzosen in Alexandria.*

44–45 *Dieser Stich von David Roberts (1796–1864) aus dem Band „Egypt and Nubia“ von D. Roberts und W. Brockedon (London, 1846–1849) zeigt eine historische Begegnung zwischen dem Künstler und Mehmed Ali, dem Statthalter von Ägypten. Das Treffen fand am 12. Mai 1839 statt. Der Begründer der Dynastie der Khediven regierte von 1805 bis 1849. Im Jahr 1811 vernichtete er die Mamelucken-Beis.*

46 oben links *Ismail Pascha trieb Ägypten durch umfangreiche Modernisierungen in den Bankrott. Als er im Juni 1879 abdankte, schrieb der britische Oberst Charles George Gordon: „Sorgen Sie sich nicht um Ismail Pascha; er ist ein Philosoph und besitzt eine Menge Geld. Er hatte sich hohe Ziele gesetzt und ist an ihnen gescheitert. (...) Ich gehöre zu jenen, die er getäuscht hat, doch bin ich ihm nicht böse. Es ist ein Glück für Ägypten, dass er nicht mehr regiert."*

46 unten links *Der Franzose Ferdinand von Lesseps leitete den Bau des Suezkanals und gründete die Suezkanal-Gesellschaft (1858), die auf 99 Jahre Eigentümerin wurde.*

46–47 oben *Die Arbeiten am Suezkanal begannen 1859 und dauerten zehn Jahre. Der Bau des Kanals trieb Ägypten in den Bankrott und führte dazu, dass Großbritannien und Frankreich die Macht im Staat übernahmen. Insbesondere Großbritannien fürchtete um den Verlust seiner Monopolstellung im Indienhandel und riss daher die Kontrolle über Ägypten an sich.*

Arabien und bezwang 1824–1827 die Griechen. Als sich Mehmed Ali 1831 mit der Pforte überwarf führte Ibrahim dessen Heer bis 1840 erfolgreich gegen die Pforte. Daraufhin intervenierten 1841 die Großmächte. Mehmed Ali musste die eroberten Gebiete wieder aufgeben und sich mit der erblichen Herrschaft über Ägypten unter osmanischer Oberhoheit begnügen.
Bis zu seinem Tod im Jahr 1849 bemühte sich Mehmed Ali, aus Ägypten einen modernen Staat zu machen. Er reformierte Polizei und öffentliche Verwaltung, trieb aber vor allem die Entwicklung der Landwirtschaft voran. Unter anderem führte er die Baumwolle ein und förderte einen intensiven Anbau dieser

Pflanze. Überdies holte er zahlreiche europäische Experten an seinen Hof, die für ihn Fabriken und Spinnereien aufbauten, öffentliche Arbeiten beaufsichtigen und nicht zuletzt das Schul- und Gesundheitswesen reformierten. Mehmed Alis Nachfolger setzten seinen Modernisierungskurs fort, insbesondere Ismail, der von 1863 bis 1879 regierte.

Obwohl die Baumwoll- und Zuckerproduktion stark anstieg, sah sich Ägypten einem wachsenden Schuldenberg gegenüber, zumal aufgrund eines Freihandelsvertrages die Einnahmen durch Schutzzölle wegfielen.

Im Jahr 1859 begannen die Arbeiten am Suezkanal, der 1869 eröffnet wurde. Mit diesem Bauvorhaben machte sich Ägypten jedoch noch mehr als zuvor von europäischen Kapitalgebern abhängig. Zwar bildete das Land nun wieder eine wichtige Etappe auf dem Seeweg nach Indien, doch übernahm Großbritannien nun mehr und mehr die Kontrolle über Ägypten. Der Bau des Suezkanals riss ein gewaltiges Loch in den ohnehin defizitären Haushalt Ägyptens und trieb den Staat vollends in den Bankrott. Die Briten nutzen die Zwangslage der Ägypter, indem sie einen entscheidenden Aktienanteil von der Suezkanal-Gesellschaft erwarben. Außerdem setzten Briten und Franzosen eine mit Landsleuten besetzte Kommission ein, die fortan die ägyptischen Finanzen kontrollierte. Ägypten geriet in eine immer schwerere Staatskrise, die zu politischen Unruhen und Revolten führte. 1882 marschierten die Briten in Kairo ein und besetzten das Land.

Im Jahr 1902 wurde der erste Staudamm von Assuan eingeweiht, der den Lauf des Nil regulieren sollte. Er

46–47 unten *Diese Karte von Ägypten mit dem Suezkanal erschien am 2. September 1882 in „The Graphic". Durch den Bau des Kanals gehörte das Land am Nil nun zu den wichtigen Etappenzielen auf dem Seeweg nach Indien.*

47 *Dieser Druck zeigt die Schlacht von Tell el-Kebir am 13. September 1882. Innerhalb weniger Stunden schlugen die britischen Truppen einen Aufstand der ägyptischen Armee unter Pascha Arabi nieder, der 1881 in Alexandria zu einer nationalen Revolte aufgerufen hatte.*

48 oben *Der Staudamm – hier ein Bild von den Bauarbeiten – liegt oberhalb des 1. Katarak-tes. Er wurde von 1892 bis 1902 aus Granit erbaut und war 51 m hoch und 2,14 km lang.*

war 51 m hoch und 2,14 km lang. 1971 ersetzte man ihn durch den neuen Hochdamm, der mithilfe sowjetischer Techniker und mit Kapital aus der UdSSR fertig gestellt wurde. 1922 entdeckte man das Grab des Tutanchamun mit der wohl berühmtesten Mumie der ägyptischen Geschichte. Das Grab war in antiker Zeit verschüttet worden und entging auf diese Weise sowohl Plünderern als auch der systematischen Suche der Altertumsforscher und Antikensammler des 19. Jahrhunderts. Der britische Archäologe Howard Carter fand das Grab schließlich während

49 links Der Name von Lord Carnarvon verbindet sich mit der Entdeckung des Grabes von Tutanchamun im Jahr 1922. Er finanzierte eine archäologische Grabung im Tal der Könige, die fünf Jahre zuvor begonnen hatte und zunächst ergebnislos verlaufen war. Lord Carnarvon hatte bereits entschieden, das Projekt abzubrechen, als man die Gruft des jungen Pharaos fand, die unter den Schuttmassen des oberhalb angelegten Grabes Ramses' VI. lag.

49 oben rechts Auf diesem Bild öffnen Lord Carnarvon, Carter und sein Mitarbeiter Callender die vier Schreine aus vergoldetem Holz, in denen sich die Quarzitgruft und die drei Sarkophage mit der Mumie des Pharaos befanden.

49 unten rechts Die Grabbeigaben des Tutanchamun stapelten sich in kleinen Kammern. Allein der Vorraum (hier ein Foto, das den Moment seiner Entdeckung dokumentiert) enthielt unter anderem vier demontierte Streitwagen und zwei goldverzierte Bahren. Es dauerte fast zwei Monate, bis man die Kammer vollständig ausgeräumt hatte.

einer von Lord Carnarvon finanzierten Expedition im Tal der Könige. Es dauerte über zehn Jahre, bis man die letzte Ruhestätte des Nachfolgers von Echnaton vollständig freigelegt hatte. Der Fund lohnte jedoch die Mühe, denn er erwies sich als überaus bedeutsam für die Archäologie und das internationale Ansehen Ägyptens.

Bis 1914 blieb das Land nominell osmanische Provinz unter der Herrschaft eines Vizekönigs, wenngleich die eigentliche Macht in europäischen Händen lag. Dann jedoch tra-

48 unten Der alte Staudamm reichte zur regulierten Bewässerung des Niltales nicht aus. Er wurde zwischen 1908 und 1912 sowie zwischen 1929 und 1934 erhöht. 1971 wurde er schließlich durch den Assuan-Hochdamm (Sadd al-Ali) ersetzt.

ten die Türken an der Seite Deutschlands in den Ersten Weltkrieg ein. Großbritannien erklärte daraufhin Ägypten zum Protektorat. Diesen Status hatte das Land bis 1922 inne. In diesem Jahr wurde Ägypten unter Fuad I. (1868–1936) ein dem Namen nach unabhängiges Königreich, jedoch mit britischer Besatzung, die 1936 auf die Suezkanalzone zurückgezogen wurde. Fuad I., der Sohn von Ismail Pascha, herrschte von 1922 bis 1936 als erster König der neu gegründeten konstitutionellen Monarchie. Im folgte sein Sohn

50 oben links *Im Jahr 1919 stand Saghlul Pascha an der Spitze der ägyptischen Wafd, die den Rückzug der Briten und die Unabhängigkeit Ägyptens forderte.*

50 oben rechts *König Fuad I. war außerordentlich vermögend. Er nannte allein ein Siebtel der landwirtschaftlichen Nutzfläche Ägyptens sein Eigen.*

50 Mitte *Als Faruk I., der Sohn von Fuad I., mit 16 Jahren den Thron bestieg, hatte er weder den Tempel von Luxor noch die Pyramiden je gesehen. Aus Sicherheitsgründen lebte er völlig isoliert. Er galt als Lebemann, spielte und aß leidenschaftlich gerne. 1952 wurde er gestürzt und ins Exil nach Italien verbannt. Dort starb er 1965.*

50 unten *Bei diesem Treffen der Arabischen Liga diskutierten die Mitgliedsländer die Palästinenserfrage. Die Vereinten Nationen planten zu jener Zeit, Palästina zwischen Israel und den Palästinensern zu teilen. Ägypten sprach sich gegen dieses Vorhaben aus.*

__51 oben__ Diese Aufnahme vom 12. September 1952 dokumentiert die erste Sitzung der Regierung, die aus dem Staatsstreich der Offiziere vom 22. und 23. Juli 1952 hervorgegangen war. Erster Staatspräsident wurde Ali Mohammed Nagib. 1954 trat Gamal Nasser an seine Stelle, der 1956 zum Staatspräsidenten gewählt wurde.

Faruk I. (1920–1965), der von 1936 bis 1952 regierte.
1948 brach der Palästina-Krieg aus, der für die arabischen Staaten mit einer Niederlage endete. In Ägypten kam es in der Folge zu Unruhen, die in einen Staatsstreich mündeten. Am 23. Juli 1952 wurde König Faruk I. von den „Freien Offizieren" abgesetzt und gezwungen, ins Exil nach Italien zu gehen.
Ein Jahr später wurde die neue Verfassung angenommen, die Ägypten zur Republik erklärte. Der erste Präsident war Ali Mohammed Nagib

(1901–1984). Gegen den Willen des Revolutionsrates, der den Sturz der Monarchie herbeigeführt hatte, forderte Nagib eine parlamentarische Regierungsform. Der Rat setzte Nagib ab und machte Gamal Nasser (1918–1970) zum Staatspräsidenten.
Nasser gehörte zu den führenden Vertretern der panarabischen Bewegung, die sich vor allem gegen Israel richtete und sich um einen Zusammenschluss der arabischen Staaten bemühte. Mit Syrien gründete der Präsident 1958 die Vereinigte Arabi-

__51 Mitte__ Auf diesem Foto vom 19. Juni 1953 unterschreibt Sadat die Gründungsurkunde der Republik. Dahinter stehen der zukünftige Präsident Nagib und die Mitglieder des Revolutionsrates.

__51 unten__ Dieses Foto zeigt Nagib und Nasser im Februar 1954 bei einer Parade durch die Straßen von Kairo.

52 oben links *Am 19. November 1956 wurde der Suezkanal bombardiert. Zuvor hatten Großbritannien, die USA und die Weltbank sich geweigert, Ägypten Gelder für den Bau des Assuan-Dammes zur Verfügung zu stellen. Daraufhin verstaatlichte Nasser den Suezkanal und löste damit die Krise aus, die zum Einmarsch führte.*

sche Republik, die jedoch 1961 wieder auseinander brach. Nasser wollte einen arabischen Sozialismus verwirklichen und verstaatlichte zu diesem Zweck Banken und Betriebe. Er trieb die Bodenreform voran und als Großbritannien und die USA 1956 Gelder der Weltbank blockierten, die Ägypten für das Assuan-Staudammprojekt benötigte, verstaatlichte Nasser den Suezkanal. Dies führte zum Ausbruch des Suez-Krieges.

Durch den Sechstagekrieg im Juni 1967, in dem Israel die Sinai-Halbinsel (bis zum Suezkanal), den Gaza-

Streifen, Westjordanien und die Golanhöhen besetzte, litt das Ansehen des Präsidenten schwer. Nasser trat zurück, nahm sein Amt wenig später jedoch wieder auf. Am 28. September 1970 starb Nasser und Mohammed Anwar as-Sadat trat seine Nachfolge an.

Der neue Präsident akzeptierte das Angebot der USA, gemeinsam mit Israel und der arabischen Welt nach einer friedlichen Lösung des Nahostkonfliktes zu suchen. Am 26. März 1979 unterzeichneten Sadat und der israelische Ministerpräsident Menachem Begin den ägyptisch-israelischen Friedensvertrag. Ägypten erkannte Israel an und Israel zog sich wie vereinbart von der Sinai-Halbinsel zurück. Während Sadat in der westlichen Welt durch seine Friedensbemühungen an Ansehen gewann (1978 erhielt er mit Begin den Friedensnobelpreis) betrachteten viele Nachbarstaaten Ägyptens das Vorgehen Sadats als Verrat an der arabischen Sache. Die Isolation Ägyptens wuchs und im Inneren wurde die Stimme der fundamentalistischen

52 unten links
Auf diesem Foto vom 28. Juli 1954 reichen sich der britische Kriegsminister Anthony Head und der ägyptische Staatspräsident Nasser die Hand. Kurz zuvor hatten beide das Suez-Abkommen unterzeichnet, das durch Vermittlung der UNO zustande gekommen war. Großbritannien sicherte darin zu, seine Truppen innerhalb von 20 Monaten aus Ägypten abzuziehen.

52 rechts *Trotz des Suezkonflikts litt Nassers Ansehen nicht und er stieg zum charismatischen Sprecher der arabischen Welt auf. 1958 schloss er Ägypten mit Syrien zur Vereinigten Arabischen Republik zusammen.*

53 links *Die beiden Fotos illustrieren die Arbeiten, die sich mit dem Bau des Assuan-Hochdammes verbanden. Das obere Foto zeigt einen Abschnitt der Demontage des Tempels von Abu Simbel, den der aufgestaute Nil unwiderruflich zerstört hätte. Die Luftaufnahme unten verdeutlicht die gigantischen Ausmaße der Baustelle.*

53 oben rechts *1959 gab Präsident Nasser gemeinsam mit russischen Experten den Startschuss zum Beginn der Arbeiten am Assuan-Hochdamm, der mithilfe sowjetischer Gelder finanziert wurde.*

53 Mitte rechts *Hier bringen israelische Soldaten ägyptische Kriegsgefangene in ein Lager. Zu den dunkelsten Kapiteln der Regierungszeit von Präsident Nasser gehört die Niederlage gegen Israel im Sechstagekrieg. Vom 5. bis 10. Juni 1967 eroberte Israel die Sinai-Halbinsel, das Westjordanland, den Gaza-Streifen sowie die Golanhöhen. Damit hatte sich das israelische Staatsgebiet vervierfacht.*

53 unten rechts *Nasser starb am 28. September 1970 im Alter von 52 Jahren. Sein Mitstreiter und Nachfolger Sadat trat ein schweres Erbe an. Tausende von Menschen drängten sich bei Nassers Begräbnis in den Straßen, um dem Staatspräsidenten die letzte Ehre zu erweisen.*

54 oben rechts Der sowjetische Staatschef Podgornyj (links) und Präsident Sadat ließen am 15. Januar 1971 den Assuan-Hochdamm in Betrieb nehmen.

54 links *Mit dem Regierungsantritt von Präsident Sadat wandelte sich die ägyptische Innen- und Außenpolitik. Er wandte sich von der UdSSR ab und betrieb die Öffnung Ägyptens zum Westen hin. Fortan galten die USA in Ägypten als Garanten des Friedens, aber auch als wichtige Kapitalgeber.*

Opposition immer lauter. Sie forderte eine Abkehr von der Wirtschaftspolitik Sadats und kritisierte, dass er das Land für westliche Investoren öffnete. Am 6. Oktober 1981 töteten fanatische Islamisten den ägyptischen Präsidenten.
Sadats Nachfolger Mohammed Hosni Mubarak setzte die prowestliche Politik seines Vorgängers fort, versuchte aber zugleich, das Verhältnis zu den arabischen Nachbarstaaten zu verbessern. Auch bemühte er sich um einen Dialog mit der Opposition im Land.

Die Palästinenserfrage, der Libanonkonflikt, der Krieg zwischen Iran und Irak, der Golfkrieg und die Auflösung der Sowjetunion haben die Politik Ägyptens in den vergangenen 20 Jahren geprägt. Auf der innenpolitischen Ebene kämpft die ägyptische Regierung vor allem gegen muslimische Extremisten, die immer wieder Anschläge auf öffentliche Einrichtungen und Touristen verüben und dem Ruf des Landes dadurch schwer schaden.

54 Mitte rechts und unten *Auf der Konferenz von Camp David verständigten sich im September 1978 Sadat und der israelische Ministerpräsident Begin unter Vermittlung des amerikanischen Präsidenten Carter über Rahmenbedingungen eines ägyptisch-israelischen Friedensvertrages, der am 26. März 1979 unterzeichnet wurde. In diesem historischen Abkommen erkannte Ägypten Israel als Staat an. Israel verpflichtete sich unter anderem zur Rückgabe der Sinai-Halbinsel.*

55 links *Mit der Unterzeichnung des Vertrages von Camp David zog sich Sadat den Hass arabischer Extremisten zu. Am 6. Oktober 1981 fiel der Präsident während einer Parade dem Anschlag einer radikalen Untergruppe der Muslim-Bruderschaft zum Opfer. Das Bild zeigt das Staatsbegräbnis Sadats am 10. Oktober 1981.*

55 oben rechts *Präsident Mubarak, Sadats Nachfolger, wurde am 13. Oktober 1981 gewählt und 1987 im Amt bestätigt. 1990 leitete die Ermordung des ägyptischen Parlamentspräsidenten die Rückkehr fundamentalistischer Kräfte ein, die in Ägypten bis heute zahlreiche Attentate auf staatliche Einrichtungen und Menschen verübt haben.*

55 unten rechts *Nach dem Rückzug der israelischen Truppen hissen ägyptische Offiziere die Nationalflagge über Taba, das Ägypten 1989 zurückerhalten hat. Im Hintergrund ist das Luxushotel Sonesta zu erkennen, das heute nur 100 m von der ägyptisch-israelischen Grenze entfernt liegt.*

REISE DURCH DAS NILTAL

56 links *Der Nil ist die Nabelschnur, die Ägypten durchzieht. Auf dem Wasser und an den Ufern des Flusses spielt sich das Leben der Fischer und Schiffer ab. Es sind heute noch die gleichen Szenen, die bereits die alten Ägypter auf ihren Fresken und Wandmalereien darstellten.*

56–57 *Die Feluken mit ihren unverwechselbaren Dreiecksegeln gehören zu den typischsten Erscheinungen im Niltal. Sie können sechs bis acht Passagiere aufnehmen. Für die Fahrt von Assuan nach Edfu kann man die Feluken auch mieten.*

56 rechts *Dank eines effizienten Kanalsystems gelangt das Nilwasser mithilfe von Pumpen oder hydraulischen Maschinen auch in höher gelegene Gebiete, sodass der Nil die Felder im gesamten Bereich seines Laufes mit Wasser versorgt.*

Schon lange vor Ägypten gab es den Nil. Die Geschichte des Landes ist untrennbar mit jener blauen Ader verknüpft, ohne die es hier kein Leben gäbe. Mit 6671 km gehört der Nil zu den längsten Flüssen der Erde. Er teilt das Land, ist überall präsent und unersetzlich. Er schenkt den Menschen unvergessliche Sonnenuntergänge und in der Abenddämmerung erhebt sich am Ufer meist eine leichte Brise, die nach Akazien duftet und die üppig gerundeten Dünen mit einem fast unmerklichen Hauch umhüllt. Dann legt sich die Hitze auch in den chaotischen, überfüllten Städten und die kleinen Dörfer färben sich im Licht der untergehenden Sonne. Den Tempeln, die zuweilen im gleißenden Tageslicht wie eine Fata Morgana wirken, verleiht die Dämmerung ein neues Gesicht. Im flüssigen Gold des Nasser-Sees lauern hungrige Krokodile unbeweglich auf Beute.

An den Ufern des Nil wölben sich die Segel schlanker Feluken, Tag für Tag und Jahr für Jahr im Wind. Leicht bekleidete Fischer holen knarrende Taue ein und setzen mit ihren schwieligen Händen die Segel, um zum nächtlichen Fang aufzubrechen. Man sieht Wäscherinnen, gebeugt von der Last der Jahre. Kinder, die das Leben eben erst kennen lernen, plantschen im Fluss, der bereits die Träume großer Pharaonen und Herrscher früherer Jahrtausende begleitete.

Der Nil ist Leben, der Nil ist alles. Einer Schlange gleich, windet er sich als wahrer und einziger Herrscher über Ägypten durch das Land, das er im Lauf der Zeit geformt und fruchtbar gemacht hat. Alljährlich nach der Hochwassersaison hinterlässt er auf den Feldern zu beiden Seiten seiner Ufer den kostbaren Schlamm, der den Boden düngt und den Bauern eine reiche Ernte sichert.

Fährt man flussabwärts, so zieht, vom Katarakt bei Assuan bis zu jener Stelle, an der sich der Strom im Delta in Myriaden kleiner Flüsschen und Kanäle verzweigt, die Geschichte Ägyptens vorbei. Nicht zufällig entstanden die bedeutendsten Tempel und Bauwerke an jenem Fluss, der Ägypten prägt und am Leben erhält. Die Vergangenheit und die verschiedenen Monumente, die sie hervorbrachte, sind genauso facettenreich wie der Fluss selbst, der aus dem Viktoriasee hervortritt und sich am Ende in ein gewaltiges Delta mit großen sumpfigen Seen, Deichen und Dämmen, fruchtbaren Äckern und kleinen Dörfern verwandelt.

57 Diese beiden Satellitenbilder zeigen den Lauf des Nil, und zwar die Schleife auf der Höhe von Luxor (links) und das Delta (rechts). Der Nil entspringt aus der Vereinigung von zwei Flüssen, dem Weißen Nil und dem Blauen Nil. Der größte Teil der ägyptischen Bevölkerung lebt in den landwirtschaftlich nutzbaren Regionen des Niltales, im Delta, in den Oasen, einigen Küstengebieten oder in großen, hektischen, schmutzigen und überfüllten Städten wie Alexandria und Kairo.

58 oben links *Alexandria, die einstige Hauptstadt der hellenistischen Welt und zweitwichtigste Stadt des Römischen Reiches, birgt noch Zeugen der glanzvollen Vergangenheit wie die Pompejussäule.*

58 unten links *Seit alters war Alexandria ein Schmelztiegel der Kulturen, die hier eine fruchtbare Verbindung eingingen. Diese Sphinx scheint über die Stadt zu wachen.*

58 rechts *Das griechisch-römische Museum in Alexandria bietet eine Vielzahl interessanter Zeugnisse der Vergangenheit, darunter diesen Kopf aus schwarzem Basalt.*

58–59 *Der Hafen von Alexandria hat zwar nicht mehr die Bedeutung wie im ausgehenden 19. Jahrhundert, doch spielt er für die Wirtschaft des Landes noch immer eine wichtige Rolle.*

59 oben links *Zu den Hauptattraktionen von Alexandria gehörte der berühmte Leuchtturm von Pharos, eines der sieben Weltwunder der Antike. Ein Holzfeuer ließ ihn nachts erstrahlen, bis ihn ein Erdbeben schwer beschädigte. Auf seinen Ruinen errichtete man Ende des 15. Jahrhunderts das mächtige Fort von Kait-Bey.*

59 oben rechts *Bei den Katakomben von Kom esch-Schukafa im südlichen Teil der Stadt handelt es sich um eine dreistöckige unterirdische Anlage aus dem 1. und 2. Jahrhundert. Besonders interessant ist der Dekor, eine merkwürdige Mischung aus ägyptischen, hellenistischen und römischen Stilelementen.*

Noch zu Beginn des 20. Jahrhunderts erreichten die Reisenden Ägypten per Schiff und legten in Alexandria an. Hier tauchten sie in eine mediterrane und zugleich orientalische Atmosphäre ein. 331 v. Chr. gründete Alexander der Große die Stadt, gab ihr seinen Namen und wurde auch hier beigesetzt. Heute erinnert in Alexandria jedoch nur noch wenig an die glanzvolle Vergangenheit. Die legendäre Hauptstadt der hellenistischen Welt und zweitwichtigste Metropole des Römischen Reiches scheint sich dem Besucher entziehen zu wollen. Seit alters trafen hier verschiedene Kulturen aufeinander. Wenn sie sich auch recht abendländisch gibt, hat die Stadt doch ihre Seele nicht verloren. Im Schatten der Alexandrinischen Bibliothek entstand einst das Museion: In den Hallen dieser berühmten Akademie bewiesen große Gelehrte, dass die Erde eine Kugel ist, stellten die ersten Regeln der Geometrie auf, übersetzten das Alte Testament und sammelten medizinische Erkenntnisse. Hier verkehrten unter anderem der Mathematiker Euklid, der Philosoph Plotin und der Arzt Erasistratos.

Auf den Glanz der Ptolemäerherrschaft folgte eine lange düstere Periode. Unter Mohammed Ali erlebte die Stadt eine neue Blütezeit und im 19. Jahrhundert zog der Baumwollhandel Franzosen, Briten, Griechen, Juden und Italiener hierher. Sie verliehen Alexandria jenen mediterranen Charme, der der Stadt den Beinamen „Braut des Meeres“ einbrachte. An den Mittelmeerraum erinnern zum Beispiel die kleinen palmengesäumten Straßen, die Häuser mit schmiedeeisernen Balkonen, die elegante Strandpromenade (Corniche) und die Strände. Zwar hat sich das Badeleben ins nahe gelegene Agami mit seinen Ferienwohnungen, Villen, Hotels und Wucherpreisen verlagert, doch blickt Alexandria auf eine lange Tradition als Küstenstadt zurück, wenngleich die beiden Häfen nicht mehr so bedeutend sind wie noch im späten 19. und beginnenden 20. Jahrhundert. Heute gehört Alexandria nicht zuletzt wegen der hier ansässigen Schwerindustrie zu den wirtschaftlich bedeutenden Städten Ägyptens.

Von den eindrucksvollen Sehenswürdigkeiten vergangener Jahrtausende ist wenig geblieben: Der Leuchtturm, der einst als eines der sieben Weltwunder galt, stürzte bei einem Erdbeben ein und auf seinen Ruinen errichtete man gegen Ende des 15. Jahrhunderts das mächtige Fort von Kait-Bey, in dem heute das Schiffsmuseum untergebracht ist. Die Bibliothek, die Ptolemaios I. Soter hatte erbauen lassen, ging in Flammen auf und vom Serapeum blieb nur das Wahrzeichen Alexandrias, die Pompejussäule. Viele historische Überreste ruhen auch noch unter der Erde und warten darauf, dass man sie eines Tages wieder ans Licht bringt. Dies gilt für das römische Theater von Kom ed-Dik aus dem 2. Jahrhundert, die Ruinen des Caesareums, den Tempel, den Kleopatra zu Ehren von Antonius errichten ließ, die Nekropole von Anfuschi und die Katakomben von Kom esch-Schukafa, in denen sich ägyptischer und griechisch-römischer Stil mischen, aber auch für Sakralbauten wie die Moschee Sidi Abu'l Abbas-el-Mursi. Einen Besuch lohnt das

Museum griechisch-römischer Altertümer, die von der bewegten Geschichte der Stadt erzählen.
In der Nähe von Abukir, östlich von Alexandria befinden sich die Überreste der antiken Stadt Kanopus, die Stätte des berühmten Serapeums.
Erst in Rosette jedoch gibt es Altertümer, die den Erwartungen der meisten Ägyptenbesucher entsprechen. Die Stadt ist reich an Beispielen osmanischer Baukunst – allen voran die zwei- oder dreistöckigen, zur Straße hin vorkragenden Lehmziegelbauten, die jenen von Damiette auf der anderen Seite des Deltas ähneln. Die östlich von Alexandria gelegene Stadt Rosette ist berühmt für ihre Textilindustrie und spielte in der Geschichte der Ägyptologie eine bedeutende Rolle. 1799 entdeckte man hier den berühmten Stein, mit dessen Hilfe es dem französischen Ägyptologen Jean François Champollion gelang, die Hieroglyphenschrift zu entziffern. In die schwarze Basaltstele, die man heute im Britischen Museum in London besichtigen kann, ist ein zweisprachiger Erlass Ptolemaios' V. Epiphanias in hieroglyphischer und demotischer Schrift mit griechischer Übersetzung eingeritzt. Anhand dieser Inschrift erkannte der Franzose, dass die Hieroglyphen sich aus phonetischen Zeichen und Ideogrammen zusammensetzten.
Südöstlich von Damiette liegt Tanis, die alte Hauptstadt der 21. und 22. Dynastie, mit ihrer königlichen Nekropole, den Resten eines antiken Mauerrings und einigen Tempeln.
Tanta, die Hauptstadt der Provinz Gharbija, liegt auf halber Strecke zwischen Alexandria und Kairo. Hier befindet sich das Mausoleum des Sijid-Ahmed al-Badawi, des größten

60 oben links *Die Stadt Tanis, die in der Bibel den Namen Zoan trägt, erhob sich am rechten Ufer eines Nilseitenarms. Das bekannteste Bauwerk war der Große Tempel Ramses' II. Noch heute findet man an seiner Stelle Fragmente von Obelisken, Säulen mit Palmenkapitellen und riesige Steinquader.*

60 unten links *Zu den Überresten des Großen Tempels von Tanis gehören die Fragmente dreier Sandsteinkolosse Ramses' II.*

60 oben rechts *Tanis erhebt sich einsam inmitten einer großen Ebene. Unter Psusennes I., der die Stadt nach dem Vorbild von Karnak anlegte, gelangte Tanis zu höchster Blüte.*

60 unten rechts *Dieses Goldkollier mit Königskartuschen und angehängten Ketten wiegt stolze 6 kg. Es gehörte zum Grabschatz Psusennes' I.*

61 *Diese Goldmaske bedeckte die Mumie Psusennes' I. Man entdeckte sie in der königlichen Nekropole, die man zwischen 1939 und 1940 im Tempelbezirk Psusennes' I. in Tanis freilegte. Die Krypta ohne Außenbau, welche die sterblichen Überreste des Pharaos enthielt, ist durch Feuchtigkeit bedroht und deshalb nicht für Besucher geöffnet.*

62 oben links *Smog vernebelt die Sicht auf die Wolkenkratzer von Kairo.*

62 unten links *Der Basar Khan el-Khalili – hier ein Wasserverkäufer – gehört zu den beliebtesten Touristenzielen in Kairo. Der Name bezieht sich auf eine Handelsanlage, die der Emir Garkas el-Khali im 14. Jahrhundert hatte anlegen lassen.*

62–63 *In Kairo mit seinen 15 Millionen Einwohnern begegnen sich die arabische und die europäische Welt.*

63 oben links *Zwischen 1824 und 1848 entstand die Mohammed-Ali-Moschee im türkischen Stil. Said Pascha, der Sohn des Herrschers, ließ sie 1857 fertig stellen.*

63 oben rechts *Der Verkehr auf der modernen el-Gamaa-Brücke ist stets chaotisch. Die Stadt leidet unter der für alle Millionenstädte Afrikas, Asiens und Südamerikas typischen Bevölkerungsexplosion.*

62 rechts *Am Fuß der Zitadelle von Kairo liegen die Sultan-Hasan-Moschee, eines der Meisterwerke der arabischen Kunst, und die moderne Er-Rifai-Moschee einander gegenüber.*

muslimischen Volksheiligen Ägyptens.

Doch erst wenn man das Gebiet des Suezkanals mit Städten wie Said, Ismailia und Suez, hinter sich gelassen hat, beginnt das eigentliche Ägypten mit seiner faszinierenden 5000-jährigen Geschichte.

Im Unterschied zu Alexandria zeichnet sich Kairo eher durch ein Nebeneinander der Kulturen aus, die in deutlich gegeneinander abgegrenzten Bezirken leben. Die Hauptstadt mit ihren 15 Millionen Einwohnern ist eine der größten Städte der Welt. Sie zieht sich ca. 35 Kilometer am östlichen Flussufer des Nil entlang. In römischer und byzantinischer Zeit entstand der älteste Kern der Stadt, die Zitadelle von Babylon. Im 7. Jahrhundert eroberten die Kalifen die Festung, aus der sich die Stadt Fustat entwickelte. Nördlich davon entstand ab 969 unter dem fatimidischen Feldherrn Dschaubar Misr al-Kahira der Kern des heutigen Kairo. Trotz der verschiedenen Erweiterungen, die Kairo im Lauf seiner wechselvollen Geschichte erlebte, entwickelte sich die Metropole nie zu einem echten Schmelztiegel der Kulturen und Nationen.

Um das Ägypten der Pharaonen kennen zu lernen, muss man durch eine von ungebremstem Spekulantentum geprägte Stadtlandschaft nach Giseh fahren. Alt-Kairo mit dem Koptenviertel, aber auch die Bezirke aus der Zeit Saladins und der Mamelucken nehmen sich im Großstadtdschungel eher klein und beschaulich aus. Im modernen Zentrum von Mohandiseen liegen die prächtigen Barockbauten der reichen Händler und die im Stil des französischen Urbanisten Haussmann errichteten Stadthäuser. Die beiden Inseln el-Roda und el-Gesira mit ihren vornehmen Wohnvierteln, den ausgedehnten Park- und Sportanlagen bieten mehrere Museen und Kulturzentren. Einen völlig anderen Eindruck vermitteln Neu-Heliopolis und die neueren Wohnviertel ed-Dokki sowie el-Aguza.

Dichter Smog hüllt die größte Stadt des afrikanischen Kontinents ein und nimmt ihr viel von ihrem Reiz. Das Nebeneinander von Luxushotels und Wolkenkratzern im europäischen Stil, Basaren und kleinen Läden, Moscheen und Kirchen, Europäern, Arabern und Afrikanern wirkt chaotisch und oftmals unharmonisch. Wie Giraffenhälse ragen aus dem unübersichtlichen Gewühl von Menschen, Tieren und Maschinen die langen dünnen Minarette der Moscheen empor, von denen die Muezzins fünfmal am Tag zum Gebet aufrufen. Ein Hauch von Tausendundeiner Nacht kommt allenfalls in den Moscheen mit ihren vergoldeten Kuppeln, den Marmorböden und stillen Höfen auf.

Kairo ist schillernde Metropole, aber auch Kulturstadt: Mit der Azhar-Moschee besitzt sie die älteste noch genutzte Universität der Welt und mit Nagib Mahfus einen prominenten Schriftsteller, der im Jahr 1988 den Literaturnobelpreis erhielt.

Das muslimische Kairo ist heute nur noch ein schwacher Abglanz jener Stadt, in der einst die Mamelucken residierten. An diese Zeit erinnern vor allem die großen Moscheen und hier ganz besonders die Ibn-Tulun-Moschee, die größte und eine der ältesten der Stadt. Ahmed Ibn Tulun ließ dieses Meisterwerk der Architektur im 9. Jahrhundert nach dem Vor-

Page 64 oben links und 64–65 Der Südfriedhof, der auch unter dem Namen „Mameluckengräber" bekannt ist, birgt die Leichname von mameluckischen Sultanen und bahritischen Emiren. Sehenswert sind der Grabkomplex des Iman esch-Schafii und das Mausoleum Hosch el-Pascha, die Grabstätte der Familie Mohammed Alis.

bild der Moschee von Samarra im Zweistromland errichten. Im Lauf der Jahrhunderte diente sie unter anderem als Weberei, Magazin und Armenhaus. Erst seit der Restaurierung von 1918 erstrahlt sie wieder in ihrer einstigen Pracht. Man sanierte den großen Innenhof, die Portale, den Mihrab, die erlesenen Stuckaturen und das quadratische Minarett mit der schneckenförmigen Treppe, die von außen nach oben führt.
Die Azhar-Moschee gilt auch heute noch weltweit als Zentrum der islamischen Kultur. Der gewaltige Komplex, der fünf Minarette, 300 Marmorsäulen, sechs Türen und ein großes Hauptportal umfasst, wurde im 10. Jahrhundert erbaut. Er beherbergt die berühmte Universität mit vier orthodox-sunnitischen juristischen Fakultäten und einer Bibliothek mit über 60 000 Bänden.
Wer etwas mehr Zeit auf die Besichtigung von Kairo verwenden will, kann zum Beispiel die Moschee-Medrese (islamische Hochschule) von Kalaun mit herrlichen Stuckaturen, Glasmalereien und Deckenverzierungen aufsuchen, die der mameluckische Sultan el-Mansur Kalaun Ende des 13. Jahrhunderts errichten ließ. Daneben lädt die fatimidische El-Akmar-Moschee aus dem Jahr 1125 ebenso zu einem Besuch ein wie die mameluckische Grabmoschee des Kait-Bey von 1472.
Zu den berühmtesten Sakralbauten der Stadt gehört die Sultan-Hasan-Moschee in der Altstadt von Kairo. Die Anlage mit dem über 81 m hohen Minarett und der im Inneren mit feinstem Gold verkleideten Kuppel entstand Mitte des 14. Jahrhunderts.
Das ehemalige Stadttor Bab el-Futuh (Tor der Eroberungen) stellt ein inte-

64 oben rechts *Das Nilometer auf der Insel el-Roda installierten die omaijadischen Kalifen um das Jahr 715. Es erinnert an Konstruktionen der Pharaonen und hatte dieselbe Funktion: Es zeigte den Stand des Nil an, nach dem sich die Öffnung des Damms der Bewässerungskanäle richtete.*

65 oben *Im Inneren der reich verzierten Mohammed-Ali-Moschee befindet sich das Grab des berühmten Paschas, der sie erbauen ließ. Die Kuppel hat einen Durchmesser von 21 m, ist 52 m hoch und innen mit vergoldeten Reliefs sowie Versen aus dem Koran verziert.*

65 rechts *Die Mohammed-Ali-Moschee trägt aufgrund des kostbaren Materials, mit dem die Wände verkleidet sind, auch den Namen „Alabastermoschee". Zu den charakteristischen Merkmalen gehören die beiden Minarette und der Uhrturm, ein Geschenk des französischen Königs Louis Philippe für den Obelisken aus Luxor.*

ressantes Beispiel für mittelalterliche Architektur des 11. Jahrhunderts dar. Ein Großteil der Geschichte Kairos spielte sich innerhalb der Mauern der Zitadelle ab, die von Sultan Salah ad-Din (Saladin) 1176 begonnen, aber erst 1207 vollendet wurde. Sie diente zuerst den Mamelucken und später den osmanischen Paschas als Residenz.

Aus dem 16. Jahrhunderts stammt el-Ghuri, die alte Karawanserei. Hier befindet sich auch ein kleines Museum für Kunsthandwerk.

Die meisten noch erhaltenen Gebäude wurden zur Zeit der Türkenherrschaft errichtet. Außer der Moschee des Sultans en-Nasir Mohammed Ibn Kalaun aus dem Jahr 1318 gilt vor allem die massive Mohammed-Ali-Moschee als sehenswert, die aufgrund des Wanddekors aus Alabaster den Beinamen Alabastermoschee erhielt. Sie wurde zwischen 1824 und 1848 begonnen und 1857 unter Said Pascha vollendet. Im Vorhof steht

66 oben links *Das von Auguste Mariette gegründete Ägyptische Museum zieht jedes Jahr unzählige Touristen aus aller Welt in seinen Bann.*

66 Mitte links *Dieses Foto zeigt einen Saal des Ägyptischen Museums. Im Lauf der Jahrzehnte wuchs die Sammlung immer weiter und umfasst heute über 100 000 Ausstellungsobjekte.*

66 unten links *Viele Besucher des Ägyptischen Museums kommen vor allem wegen des berühmten Schatzes von Tutanchamun. Auf dem Bild ist der dritte Sarkophag des Pharaos der 18. Dynastie zu erkennen. Er besteht aus massivem Gold, wiegt 110,4 kg und ist 187,5 cm lang. In diesem Sarkophag ruhte die Mumie des Pharaos.*

ein Turm mit einer Barockuhr, die der französische König Louis Philippe Mohammed Ali im Austausch für den Obelisken von Luxor, der heute auf der Place de la Concorde in Paris steht, schenkte.
Das antike Babylon schlummert hingegen in Alt-Kairo. Hier liegen auch die christlichen und jüdischen Wohnviertel der Stadt und die damit verbundenen Sehenswürdigkeiten. Das Kloster St. Georg gehört dazu ebenso wie die Kirche St. Sergius mit der Krypta, in der die Heilige Familie nach ihrer Flucht nach Ägypten gelebt haben soll, und die bereits mehrfach restaurierte Kirche Sitt Barbara sowie die Synagoge (Keniset Ben Ezra) mit bemalten Glasfenstern und einer Thora aus dem 6. Jahrhundert.
Nicht nur die Gebäude, auch die großen Sammlungen Kairos geben Einblick in die ägyptische Kultur und Geschichte. Das Koptische Museum, zu dem auch noch einige Überreste von Bollwerken der antiken Festung Babylon gehören, bietet Zeugnisse des christlichen Glaubens in Ägypten. Das Museum für Islamische Kunst wartet mit insgesamt 75 000 Keramiken, Glasarbeiten, Fayencen und Schnitzarbeiten aus Holz, mit Textilien, Teppichen, Schmuck und Kunsthandwerk aller Art auf. Das Gayer-Anderson-Museum zeigt in Räumen aus dem 16. und 17. Jahrhundert Antiquitäten und osmanisches Kunsthandwerk, während das Papyrologische Institut Besucher mit dem Anbau und den Verarbeitungstechniken der Pflanze vertraut macht, die zur Entstehung der Schrift beitrug und in der ägyptischen Kultur eine so wichtige Rolle spielte. Die Dokumentation ist auf

66 rechts *Das Ägyptische Museum wartet nicht nur mit außergewöhnlichen Schätzen, sondern auch mit einer großen Skulpturensammlung auf. Hier steht die Statue von Pharao Merenptah, dem Nachfolger Ramses' II.*

67 *Dieses Paar aus bemaltem Kalk zierte die Wand eines Grabes der Pyramide von Maidum. Es handelt sich um Prinz Rahotep, den Hohepriester von Heliopolis und Sohn des Snofru, und um seine Gemahlin Nofret.*

drei Nilbooten untergebracht, die unweit von Giseh vor Anker liegen.
Weltruhm besitzt das im Jahr 1857 von Auguste Mariette begründete Ägyptische Museum, das täglich Scharen von Touristen in seinen Bann zieht. Insgesamt sind hier 100 000 Funde ausgestellt, zahlreiche weitere schlummern in den Kellern und Archiven. Hier ruhen viele bekannte Skulpturen und Objekte, von der Büste der Königin Teje bis zum Schatz des Tutanchamun.
Zwischen den glanzvollen Relikten der Vergangenheit und dem Ägypten der Gegenwart liegt eine tiefe Kluft. Landflucht, Bevölkerungsexplosion

68 *Diese kostbare Statue entdeckte man im nordwestlichen Bereich des Ramesseums. Sie zeigt Meritamun, auch „weiße Königin" genannt. Es handelt sich um die Tochter Ramses' II. und seiner Gemahlin Nofretiri.*

68–69 oben *Dieses Modell aus bemaltem Holz zeigt 40 Soldaten mit Schild und Speer. Man entdeckte es in Assiut im Grab von Mesehti, einem hohen Würdenträger, der um 2000 v. Chr. lebte.*

68–69 unten *Die „Gänse von Maidum", ein berühmtes Fresko über einer dünnen Sand- und Tonschicht, befanden sich in einem Korridor im Grab des Nefermaat, das vermutlich auf den Beginn der Regierungszeit von Pharao Snofru (um 2550 v. Chr.) zurückgeht.*

69 oben *Dieses Modell aus dem Grab von Meketra zeigt Fischer auf dem Nil. Sie fahren auf Papyrusbarken und sind dabei, ihren Fang ins Boot zu ziehen.*

69 unten *Auch dieses Holzmodell fand sich im Grab des Meketra, eines Würdenträgers, der am Ende der 11. Dynastie, um 2000 v. Chr., lebte. Der Verstorbene sitzt mit seinem Sohn und seinen Schreibern unter einem Portikus. Er ist gerade damit beschäftigt, die Herden verschiedener Bauern zu mustern.*

70 oben *Die große Grabkammer der Chephrenpyramide wurde direkt in den Fels gehauen. Die Decke besteht aus einem Satteldach aus schräg gegeneinander gestützten Kalksteinplatten. 1818 entdeckte Giovanni Battista Belzoni den Eingang zu dem Grab und ritzte seinen Namen als Beweis in eine der Wände. Der in den Boden eingelassene Grantisarkophag, den Belzoni hier entdeckte, hatte keine Inschrift und war mit Geröll gefüllt.*

70–71 *Die Chephrenpyramide ist 136,4 m hoch und 210 m breit. Sie besitzt noch die ursprüngliche Kalksteinspitze. Chephren, der Sohn des Cheops, ließ die Pyramide errichten, die zwei nach Norden ausgerichtete Eingänge besitzt.*

71 oben links *Die Pyramiden von Giseh sind das Wahrzeichen Ägyptens. Sie liegen etwa 19 km von Kairo entfernt auf einem Felsplateau am Westufer des Nil. Das Datum ihrer Erbauung – vermutlich um 2500 v. Chr. – ist noch immer umstritten.*

71 oben rechts *Die Cheopspyramide ist heute 137 m hoch. Ursprünglich hatte sie dank der vergoldeten Spitze eine Höhe von 146,6 m. Das Mauerwerk fasst 2,34 Millionen Kubikmeter. Die Steinquader, die millimetergenau ineinander passen, wiegen zwischen zwei und 16 Tonnen.*

70 unten *Die Grabkammer des Pharaos Cheops, die 10,45 m lang, 5,2 m breit und 5,8 m hoch ist, erreicht man über einen schmalen Korridor.*

und Wohnungsnot haben in Kairo dazu geführt, dass die Armen sogar die Totenstädte bewohnen. Neben vier Friedhöfen gibt es zwei große Nekropolen am Fuß der Mokattamhöhe. Hier leben etwa 200 000 Menschen, ein Zehntel davon tatsächlich in den Gräbern aus der Mameluckenzeit. Bedeutende Gebäude und Gräber sind zum Beispiel die Grabmoschee des Farag Ibn Barkuk, die erste mameluckische Moschee mit Zwillingsminaretten und doppelter Kuppel, das Mausoleum des Sultans Bars-Bey mit Kuppel und Minarett und die Grabmoschee des Kait-Bey, ein Meisterwerk der mameluckischen Kunst mit einer herrlichen steinernen Kuppel.

Viele Touristen besuchen zunächst Alexandria und Kairo, die beiden großen Städte des Landes, mit ihren beeindruckenden Zeugnissen der Vergangenheit. Das Ägypten der Pharaonen, für die meisten Besucher nach wie vor der Hauptanziehungspunkt ihrer Reise, erschließt sich mit voller Pracht jedoch erst, wenn man die hektischen Metropolen hinter sich lässt und sich den Pyramiden von Giseh auf der felsigen Hochebene gegenüber von Kairo nähert. Die schöne baumbestandene Allee, die einstmals Stadt und archäologische Stätte verband, wurde zwar durch eine nichts sagende Autopiste ersetzt, doch ziehen die weltberühmten Pyramiden noch heute jeden Betrachter unweigerlich in ihren Bann. Als Hauptsehenswürdigkeit des Landes sind die Pyramiden natürlich ständig von Touristenheeren belagert und so gerät die erste Berührung mit der antiken Größe Ägyptens zu einem Event des Massentourismus.

Die drei mächtigen Pyramiden sind heute nur noch ein schwacher Abglanz dessen, was sie ursprünglich darstellten. Zu den imposanten Grabanlagen gehörten unter anderem ein Tempel, mehrere Nebenpyramiden und eine gepflasterte, überdachte Straße, die zu einem Taltempel führte. Hier legten die Schiffe vom Nil an, sodass Besucher auf dem Wasserweg fast bis zum Fuße der Bauten gelangen konnten.

Die Pyramiden von Giseh gelten seit der Antike als eines der sieben Weltwunder. Die größte der drei Pyramiden ist die Cheopspyramide, die der gleichnamige Pharao der 4. Dynastie errichten ließ. Mit der Kalksteinverkleidung und der vergoldeten Spitze maß sie ursprünglich 146,6 m, von denen 137 m geblieben sind. Viele Wissenschaftler nehmen als Erbauungsjahr 2500 v. Chr. an, doch ist dieses Datum noch immer heftig umstritten. Unterschiedliche Auffassungen herrschen auch bezüglich der Technik. Niemand vermag mit Gewissheit zu sagen, wie es gelang, die riesigen, zwischen zwei und 16 Tonnen schweren Steinquader bis zu einer solchen Höhe übereinander zu schichten. Diese Tatsache erstaunt ebenso sehr wie die Tatsache, dass die Blöcke millimetergenau ineinander passen.

Für die Cheopspyramide mit den exakt rechtwinkligen Ecken und den Seiten, die mit genau den vier Himmelsrichtungen übereinstimmen, benötigte man rund 2,3 Millionen Blöcke, die in 201 Reihen angelegt sind. Der antike Geschichtsschreiber Herodot behauptete, 100 000 Menschen hätten jedes Jahr während der Überschwemmungszeit drei Monate lang gearbeitet, um die Quader über

72 oben *Neben den drei berühmten Pyramiden des Cheops, des Chephren und des Mykerinos gehören zur Anlage von Giseh auch Gräber hoher Würdenträger. Die Aufnahme zeigt das Grab des Sechemmnefer, eines hohen Beamten, der gegen Ende der 4. Dynastie lebte.*

72 unten *Bei Ausgrabungsarbeiten im Jahr 1954 förderte man im Süden der Cheopspyramide eine völlig zerlegte Barke zutage. Das 43 m lange und in der Mitte 5,66 m breite Sonnenschiff besteht aus 1224 Teilen und befindet sich heute in einem Museum an der Südseite der Pyramide. Es besaß zwei Heckruder sowie fünf weitere Ruderpaare, die vor der königlichen Kajüte angebracht waren.*

72–73 *Die Sphinx, in arabischer Sprache Abu'l-Hol („Vater des Schreckens") genannt, liegt 350 m südöstlich der großen Pyramide. Der Löwe mit dem Haupt eines Menschen trägt ein mit der Uräusschlange geschmücktes Kopftuch* (nemes). *Die Sphinx ist 73,5 m lang und 20 m hoch und könnte den Pharao Chephren darstellen, der in Gestalt einer Raubkatze vor seinem eigenen Grabmal Wache hält.*

große Rampen immer weiter nach oben zu befördern.

In der Cheopspyramide führt ein schmaler Korridor in die Grabkammer mit dem leeren Sarg. Weitere Schächte sind so ausgerichtet, dass sie mit dem Sternbild des Orion übereinstimmen, wenn es sich in einem bestimmten Bereich des Himmels zeigt. In direkter Nähe der Pyramide entdeckte man 1954 in einer unterirdischen Kammer ohne Luftzufuhr eine Sonnenbarke, die sich heute in einem barkenförmigen Museum auf der Südseite der Pyramide befindet. Das Schiff besteht aus Zedernholz, ist 43 m lang, in der Mitte 5,66 m breit und 8 m hoch. Es war in 1224 Einzelteile zerlegt, die man in zehnjähriger Arbeit ohne Nägel und Schrauben mit Seilen und Holzpflöcken zusammenbaute.

Vermutlich wird man das Museum bald durch einen Neubau ersetzen, weil die Bedingungen zur Konservierung des kostbaren Fundes nicht optimal sind. In unmittelbarer Nähe befindet sich eine zweite Barke, die man ebenfalls freilegen will.

Drei große Pyramiden stehen in Giseh. Neben der Cheopspyramide sind es die 136,4 m hohe Chephrenpyramide, die noch Teile ihrer Kalksteinspitze besitzt, und die Mykerinospyramide, die mit 62 m (früher 66,5 m) Höhe der kleinste der drei mächtigen Bauten ist. Leider ging der herrliche Basaltsarg des Mykerinos verloren, als sein Entdecker, der Ägyptenforscher Perring, ihn nach London schaffen wollte, um ihn dem Britischen Museum zu vermachen, denn vor der spanischen Küste versank das Schiff mit der kostbaren Fracht.

In Giseh gibt es außer den Pyramiden noch Grabbauten für Königinnen, Prinzessinnen und hohe Würdenträger, außerdem den Taltempel des Chephren und die Sphinx, die im Lauf seiner langen Geschichte schon mehrmals fast vollständig unter Sand begraben war. Mit einer großen Stele erinnerte Thutmosis IV. daran, dass die Sphinx ihn im Traum aufgefordert hatte, ihn freizulegen. Der Legende nach erhielt der Pharao im Austausch dafür die beiden Kronen Ägyptens.

Die Löwengestalt mit dem Menschenkopf löste unter den Forschern heftige Debatten über ihr Entste-

73 oben links *Die Wissenschaft ist sich noch immer nicht im Klaren darüber, aus welcher Zeit die Pyramiden und die aus dem Fels gehauene Sphinx stammen. Die Anzeichen von Erosion auf dem Körper, aber auch das Missverhältnis zwischen der Größe des Kopfes und dem Körper des Tieres, legen die Vermutung nahe, dass sie deutlich älter ist, als ursprünglich angenommen. Bislang war man davon ausgegangen, dass der Wächter der Pyramide um 2500 v. Chr. erbaut wurde. Die Schäden am Gesicht der Sphinx, für die man bisher die Soldaten Napoleons I. verantwortlich gemacht hatte, entstanden vermutlich bei Schießübungen der mameluckischen Artillerie.*

73 oben rechts
Der riesige Kopf der Sphinx ist 5 m hoch; das Ohr alleine misst 1,37 m. Zu Recht schrieb Dominique Vivant Denon, einer der Ägyptenforscher, die im Expeditionskorps Napoleons I. reisten, in sein Tagebuch: „Als dieses Monument entstand, musste die Kunst bereits ein sehr hohes Perfektionsniveau erreicht haben."

74 *Die archäologische Stätte bei Abusir liegt zwischen Giseh und Sakkara. Neben Resten eines Sonnentempels aus der 5. Dynastie umfasst die Anlage 14 weitgehend zerfallene Pyramiden. Nur vier Bauwerke, die Pyramide des Sahure, die Mastaba des Ptahschepses, die Pyramide des Königs Ne-user-Re und die des Neferirkare weisen noch Spuren der antiken Pracht auf.*

74–75 *Die Stätte Dahschur liegt etwa 26 km südöstlich von Giseh und 7 km von Sakkara entfernt. Hier stehen zwei Pyramiden des Pharaos Snofru aus der 4. Dynastie und drei Pyramiden aus der 12. Dynastie. Am außergewöhnlichsten ist zweifellos die Knickpyramide im Vordergrund. Dahinter erhebt sich die Rote Pyramide, die erste echte Pyramide Ägyptens.*

hungsdatum aus. Die Erosionsspuren auf dem 73,5 m langen und 20 m hohen Körper deuten darauf hin, dass die Sphinx deutlich älter ist als man bisher annahm.

Memphis, die erste Hauptstadt Ägyptens, die vermutlich Narmer am Westufer des Nil gründete, liegt heute etwa 30 km südlich von Kairo. Nur wenig ist von der einstigen Pracht erhalten. Der mächtige Tempel des Ptah und das Balsamierungshaus für die heiligen Apisstiere sind

75 links und unten rechts *Der Überlieferung zufolge gründete Narmer, der erste Herrscher der 1. Dynastie, Memphis, die Hauptstadt des Alten Reiches. Die Alabastersphinx von Memphis ist 4,25 m hoch und 8 m lang und befindet sich heute auf dem Areal des örtlichen Museums. Vermutlich stammt sie aus der Zeit Amenophis' II. oder Thutmosis' I.*

75 oben rechts *Der Kalksteinkoloss Ramses' II. war ursprünglich 13,3 m hoch. Da ein Teil der Krone und der Beine abhanden kam, misst er heute noch 10,5 m. Er zählt zu den Hauptsehenswürdigkeiten von Memphis und befindet sich in einem eigens für ihn erbauten Raum. Ein zweiter Koloss aus rosa Granit wurde ebenfalls in Memphis entdeckt und steht seit 1954 auf dem Bahnhofsvorplatz von Kairo.*

76 oben links *Die Nekropole von Sakkara ist die größte Ägyptens. Berühmtheit erlangte vor allem die Pyramide des Pharaos Djoser, des ersten Königs der 3. Dynastie.*

76 unten links *1892 entdeckte Jacques de Morgan in Sakkara die Mastaba des Wesirs Mereruka. Das 40 m lange und 24 m breite Gebäude ist das komplexeste seiner Art aus dem Alten Reich. Es umfasst 32 Räume, davon einen mit einer lebensgroßen Statue des Verstorbenen. In den übrigen Räumen befinden sich unter anderem die Gräber der Ehefrau und des Sohnes des Mereruka. Fischerei- und Alltagsszenen zieren die Wände der Kammern.*

76 rechts *Die Pyramide von Maidum wurde vermutlich unter Huni, dem letzten König der 3. Dynastie, errichtet. Snofru ließ die siebenstufige Pyramide erweitern und umbauen. In ihrer heutigen Form, ohne die Kalksteinverkleidung, die sie früher bedeckte, ähnelt sie eher einer dreistöckigen Mastaba mit stark geneigter Fassaden.*

weitgehend zerstört. Zu den Hauptsehenswürdigkeiten gehören die 13 m hohe Kolossalstatue Ramses' II. aus Kalkstein und ein großer acht Tonnen schwerer Alabastersphinx.
Sakkara liegt westlich von Memphis und trägt den Namen des Gottes Sokar, des Schutzpatrons der Landwirtschaft. Die größte Totenstadt Ägyptens befindet sich auf einem kargen Felsplateau. In dem weiträumigen Bezirk, der bereits auf das Alte Reich zurückgeht, erhebt sich

die älteste Steinkonstruktion des Landes, die Stufenpyramide des Pharaos Djoser, des ersten Königs der 3. Dynastie. Eine rechteckige Mauer umgibt die fast 60 m hohe Pyramide, die noch die bis dahin für Königsgräber übliche Form der Mastaba hatte, jedoch aus Stein und über einem viereckigen Grundriss errichtet war.
Im Umkreis der Stufenpyramide, die der Baumeister Imhoteb der Überlieferung zufolge um 2686 v. Chr. entwarf, stehen verschiedene andere Konstruktionen und Überreste von Pyramiden der 4. und 5. Dynastie. Zu erwähnen sind vor allem die Pyramide des Unas, die Mastaba der Prinzessin Idut sowie jene von Mehu, Mereruka und Ti, die interessante Malereien und aufschlussreiche Inschriften enthalten. Die Reliefs und Gemälde zeigen Szenen aus dem Alltagsleben, Schlachten und Kämpfe, landwirtschaftliche Arbeiten, Handwerker, Feste und Tiere. Sie geben Einblick in das Leben und in die Vorstellungen, die sich die Ägypter vom Tod und dem Jenseits machten.
Die Hochebene von Sakkara birgt indes noch weitere Schätze, zum Beispiel die Katakomben der heiligen Ibisse und das Serapeum, die Grabstätte der heiligen Apisstiere. Dieses in den Fels gehauene Grabmal enthält mächtige Sarkophage aus Granit, Basalt und Kalkstein, die mit Ausnahme eines einzigen alle bereits in der Antike geplündert wurden. Sein Entdecker, der berühmte Ägyptenforscher Auguste Mariette, konnte ihn nur mithilfe von Dynamit öffnen. Im Inneren fand sich neben einer Stiermumie die Statue eines Stieres aus massivem Gold,

76–77 *Vermutlich um 2686 v. Chr. erbaute der Baumeister Imhotep die fast 60 m hohe Stufenpyramide mit der rechteckigen Umfassung. Später erklärte man den Gelehrten und Leibarzt des Pharaos zum Gott und identifizierte ihn mit dem griechischen Arzt Äskulap. Imhotep hinterließ sein Zeichen zweimal auf der Pyramide, am Sockel einer Statue des Djoser und in der Nähe des Eingangs auf einer Mauer.*

77 oben links *Zu den Gräbern im Bezirk von Sakkara gehört das Grab des Iru-ka-Ptah, der zur Zeit der 5. Dynastie die königlichen Schlachthöfe leitete. Die Anlage, die auch Gräber von zehn Familienmitgliedern umfasst, ist mit zehn polychromen, in den Fels gehauenen Statuen und mit Szenen aus dem Arbeitsleben des Verstorbenen verziert.*

77 oben rechts *Rings um die Pyramide des Djoser liegen kleinere Bauten sowie einige Pyramiden der 4. und 5. Dynastie. Im Inneren sind sie reich mit Reliefs und Bildern ausgestattet.*

78 oben *Abydos gehört zu den ältesten Kultstätten Ägyptens. Der Überlieferung zufolge befand sich hier das Grab des Totengottes Osiris. Der Große Tempel von Sethos I., das bereits bei Strabo erwähnte Memnonium, ist das am besten erhaltene Heiligtum des Bezirks. Der Kalksteintempel mit den sieben Kapellen ruht auf einem Sandsteinfundamet.*

78–79 *Im Faijum gründeten die Herrscher des Mittleren Reiches Medinet Madi. Unter Amenembet III. und Amenembet IV. wurde die Stätte erweitert. Hier befinden sich die Ruinen eines kleinen Tempels, der dem Krokodilgott Sobek, dem falkenköpfigen Gott Horus und der Göttin Renenutet, der Göttin der Feldarbeit und Fruchtbarkeit, geweiht war.*

79 oben links *Hermopolis, die Hauptstadt des 15. oberägyptischen Gaues, war Thot, dem Gott der Schreibkunst und der Wissenschaften, geweiht. Nach der Legende befand sich hier der Ort, an dem die Sonne zum ersten Mal aufging und die Welt geschaffen wurde. Zu den bedeutendsten Zeugnissen der Vergangenheit gehören die Ruinen einer frühchristlichen Basilika, eines großen überdachten Marktes, eines Thottempels und eines Heiligtums für Amun-Re.*

79 oben rechts *Der Karunsee, auch Hornsee genannt, ist etwa 50 km lang, 12 km breit und 5 m tief. Er liegt 44 m unter dem Meeresspiegel in der fruchtbaren Region des Faijum. In dem leicht brackigen Wasser tummeln sich viele Fische; das Ufer säumen dichte Schilfwälder.*

78 unten *Das Grab des Fürsten Chnumhotep in der Nekropole von Beni Hasan ist mit Alltagsszenen verziert. Die ganz in den Fels gehauene Stätte bietet interessante Informationen über das Fürstengeschlecht, das mit der Erbherrschaft über den Antilopen- und den Hundegau belehnt wurde. Eine Inschrift aus 222 Textreihen mit grünen Zeichen enthält die gesamte Genealogie des Verstorbenen und seiner Familie.*

die heute zur Sammlung des Louvre gehört.

Fährt man nilaufwärts, so erreicht man zunächst das fruchtbare Faijum, aus dem etwa 700 berühmte Mumienporträts stammen. Die Enkaustik- oder Temperamalereien, die man traditionell auf den Gesichtern der Mumien platzierte, zeichnen sich durch großen Realismus aus und haben längst ihre Wanderung durch die Museen der Welt angetreten.

In der bedeutenden Nekropole von Beni Hasan befinden sich Felsengräber aus dem Mittleren Reich, darunter die sehenswerten Stätten der Fürsten Amenemhet und Chnumhotep.

Die griechisch-römischen Ruinen von Hermopolis und die Katakomben der heiligen Ibisse und Paviane in Tuna el-Gebel liegen bereits in Mittelägypten.

Von der einstigen Pracht der Stadt Tell el-Amarna und von dem mit ihr verbundenen monotheistischen Kult ist fast nichts geblieben. Echnaton hatte die Hauptstadt am Ostufer des Nil anlegen lassen, doch überdauerte sie seine Regierung nur kurz. Nach dem Tod des Königs zerstörten die Anhänger der alten Ordnung seine urbane und religiöse Hinterlassenschaft. Interessantes über das Leben des Pharaos erfährt man jedoch aus der Nekropole. Sie wurde ab etwa 1370 v. Chr. in den Fels gehauen, um die Gräber der höfischen Würdenträger aufzunehmen, und wartet mit zahlreichen Darstellungen des Herrschers und seiner Familie im naturalistischen Amarnastil auf. Echnaton erscheint hier nicht als mächtiger Herrscher, der seine Feinde tötet, sondern Arm in Arm mit seiner Gemahlin und seinen Töchtern. Hier entdeckte man unter anderem auch die herrliche Kalksteinbüste der Königin Nofretete, die zu den Kostbarkeiten des Ägyptischen Museums von Berlin-Charlottenburg gehört. Im Jahr 1888 fand man außerdem die Amarnabriefe, Tontafeln mit babylonischer Keilschrift aus dem Briefwechsel von Amenophis III. und Echnaton mit babylonischen und anderen vorderasiatischen Königen sowie mit phönizischen und syrisch-palästinensischen Vasallen. Diese Tafeln sind die bedeutendsten Zeugnisse zur Geschichte Palästina-Syriens vor der israelischen Landnahme.

Abydos am Westufer des Nil gehört zu den ältesten Kultstätten Ägyptens. Den Mittelpunkt bildet das Grab des Totengottes Osiris. Außerdem gibt es hier königliche Kenotaphe (Scheingräber) sowie den berühmten Tempel Sethos' I. Mehrere Pharaonen des Neuen Reiches hatten hier Heiligtümer errichten lassen. Nach einem bei Plutarch überlieferten Mythos war Osiris der Gemahl der Isis und regierte an ihrer Seite als gerechter Herrscher über die Welt. Dann tötete ihn jedoch sein missgünstiger Bruder Seth und zerstückelte den Leichnam. Die treue Isis zog nun weinend über die Erde, stets auf der Suche nach ihrem Gemahl, dessen sterbliche Überreste sie schließlich vollständig sammeln konnte. Sie fügte die Teile mit Binden zusammen und belebte den Körper. Dann empfing sie von Osiris einen Sohn, Horus. Er rächte seinen Vater, der inzwischen über die Unterwelt regierte, und trat seine Nachfolge als Herrscher über die Lebenden an. In Abydos lohnen der Tempel Sethos' I. mit dem Osireion,

80 oben und 80–81 *Der große Tempel von Dendera, der antiken Stadt Tentyra, ist Hathor, der Mutter der Götter und Schutzheiligen der Frauen, geweiht. Der Sandsteinkomplex wurde in ptolemäischer Zeit begonnen und unter römischer Herrschaft erweitert. Er hat keinen Hof, aber eine Umfassungsmauer. Zur Anlage gehören eine Hypostylhalle, zwei Vorsäle und das Sanktuarium mit Krypta und Kapellen, darunter die Kapelle des Neuen Jahres und die Osiriskapelle. Sie ist zugleich das Grab des Osiris, denn hier verehrte man einen Körperteil des Gottes als Reliquie.*

81 oben *Die Hathorkapitelle sind mit Köpfen der kuhohrigen Göttin verziert. Im Tempel von Dendera bilden sie den Abschluss von Sistrumsäulen, die nach dem typischen Rasselinstrument der Göttin der Musik und des Tanzes benannt sind. Zuweilen nahm Hathor auch die Gestalt einer Löwin an oder wurde als Überschwemmung dargestellt.*

81 Mitte *Dieses Relief zeigt die Geburt der Hathor, der Herrin von Dendera. In der ägyptischen Mythologie entstand die Göttin aus einigen Wassertropfen, die aus den Augen des Re zu Boden gefallen waren, als er aus dem Chaos entspross. Zur Zeit der Ptolemäer identifizierte man Hathor, die Gemahlin des Horus, mit der griechischen Göttin Aphrodite.*

81 unten *Der Tempel von Dendera gehört zu den am besten erhaltenen in Ägypten, obwohl einige Kapellen bis zu Beginn des 20. Jahrhunderts bewohnt waren. Das Heiligtum bietet überdies außergewöhnliche Darstellungen astronomischer Motive. Das berühmteste Relief der Hypostylhalle zeigt die Himmelsgöttin Nut, mit Bildern des Tierkreises und Barken mit personifizierten Sternen unter ihrem Körper. Zum Tempel gehören außerdem Überreste einer koptischen Basilika aus dem 5. Jahrhundert sowie zwei Mammisi (Geburtshäuser). Das südliche ist das ältere und stammt aus der Zeit Nektanebos' I. (30. Dynastie). Das zweite Geburtshaus wurde in römischer Zeit erbaut.*

der Tempel Ramses' II. und das Heiligtum des Osiris einen Besuch.

Den zuerst genannten Tempel ließ Sethos I. (19. Dynastie) errichten, doch stellte ihn erst Ramses II. fertig. Der Komplex aus Kalk- und Sandstein besteht aus Höfen, Portiken sieben reich verzierten Kapellen und zwei Säulenhallen. Zur Zeit des Römischen Reiches pilgerten Kranke und unfruchtbare Frauen zu dem Tempel. Die Bilder in den Kapellen thematisieren die ägyptische Vorstellung von der Wanderung der Seelen, die auf dem Nil bis zum Grab des Osiris reisen. Der Tempel Ramses' II. mit seinen beiden Hypostylhallen zeichnet sich dagegen durch bemerkenswerte Wandgemälde und eine Granitgruppe von fünf Figuren (Ramses II., Horus, Osiris, Isis und Osiris-Sethos I.) aus.

In Dendera errichteten die Ptolemäer einen Sandsteintempel für die mit Kuhohren und -hörnern (manchmal auch in Gestalt einer Kuh) dargestellte Göttin Hathor, die Gemahlin des Horus, die später bei den Griechen als Liebesgöttin Aphrodite galt. Der Tempel liegt in einem heiligen Bezirk mit Hypostylhalle, Heiligtum, elf Kapellen und 12 Krypten mit herrlichen Fresken. Der reich verzierte Tempel zeichnet sich durch schöne Säulen mit Hathorkapitellen aus. An der Decke der Osiriskapelle ist heute eine Kopie des berühmten Tierkreises von Dendera zu sehen, dessen Original sich im Louvre befindet.

Dendera steht in Verbindung mit dem Osirismythos, denn der Überlieferung zufolge befand sich hier eines der Körperteile des Gottes, das als Reliquie verehrt wurde. Zur Tempelanlage, einer der am besten er-

82 oben *Dieses Foto zeigt ein Grab der 19. Dynastie. Es handelt sich um die Gruft des Merenptah, des Sohnes und Nachfolgers von Ramses II. Besonders bemerkenswert ist das Bild über der Tür mit der doppelten Darstellung des Königs als Osiris, den Anubis und Harsiesis empfangen.*

82 Mitte *Der Sarkophag des Harembab, des letzten Pharaos der 18. Dynastie, besteht aus rosafarbenem Quarzit. Man fand ihn leer und mit geöffnetem Deckel. Darstellungen von Gottheiten, die den Herrscher schützen sollten, schmücken die Seitenwände.*

82 unten *Dank des trockenen Klimas blieben die Farben der Bilder in den Gräbern hervorragend erhalten. Diese Aufnahme aus dem Grab des Harembab zeigt den Pharao an der Hand des Anubis, der ihm die göttlichen Attribute, das Zepter (was) und das Henkelkreuz (anch) reicht.*

82–83 *Diese Luftaufnahme zeigt das Tal der Könige, die Nekropole von West-Theben. Hier wurden die Leichname von 64 Herrschern der 18.–20. Dynastie bestattet. Unter anderem befinden sich hier die Gräber von Ramses II., Sethos I., Amenophis II. und Thutmosis III. sowie das berühmte Grab des Tutanchamun.*

83 oben *Das Grab des Tutanchamun, das Howard Carter 1922 entdeckte, ist nicht übermäßig groß. Es besteht aus einem Korridor, einem Vestibül, der Grabkammer und zwei Lagerräumen. Von den drei Sarkophagen, welche die sterblichen Überreste des früh verstorbenen Pharaos umschlossen, steht nur noch der Quarzitsarkophag in der Gruft. Auszüge aus religiösen Texten und vier Gottheiten (Nut, Osiris, Anubis und Hathor) zieren die Wände.*

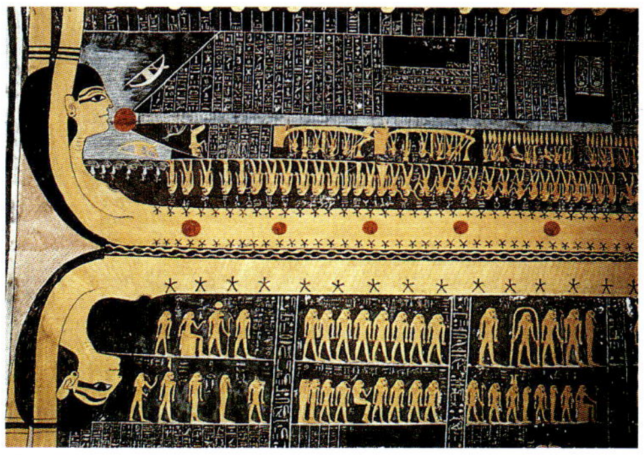

haltenen Ägyptens, gehörte auch ein heiliger See, der von einer Mauer umschlossen wurde. Bei dem alljährlichen Fest, das die Auferstehung des Osiris zelebrierte, fuhren auf dem See viele Barken mit brennenden Kerzen.
In Dendera gibt es außerdem noch Überreste zweier Mammisi, Geburtshäuser. Das eine stammt aus der Zeit Nektanebos I. (30. Dynastie), das andere aus römischer Zeit.
Kaum ein anderer Ort Ägyptens zieht Besucher so magisch an wie die antike Stadt Theben, die Hauptstadt des Landes während dessen glanzvollster Periode. Einem Freilichtmuseum gleich, bietet die Region zu beiden Seiten des Nil die höchste Konzentration an Sehenswürdigkeiten im gesamten Land. Am Ostufer erheben sich die großen Amuntempel von Luxor und Karnak, während sich am Westufer in einem schmalen Felskorridor die thebanische Nekropole, das weltberühmte Tal der Könige (Biban el-Moluk) und das Tal der Königinnen (Biban

83 Mitte und unten
Diese Aufnahmen zeigen die Decke der Grabkammer Ramses' VI., die zu den am besten erhaltenen im Tal der Könige gehört. Das Grab wird auch „Grab des Memnon" oder „Grab der Seelenwanderung" genannt. Die Gruft mit Trümmern eines großen Granitsarkophages enthält zahlreiche Darstellungen aus dem Pfortenbuch und dem Totenbuch, astronomische Szenen und Bilder des Himmels bei Tag und bei Nacht.

84 oben links *Im Jahr 1904 entdeckte Ernesto Schiaparelli im Tal der Königinnen, der thebanischen Nekropole am linken Nilufer, das Grab der Nofretiri, der „von Mut geliebten Schönsten". Das Bild zeigt die Ostwand der Vorhalle und des Vestibüls mit dem Gott Chepre zur Linken sowie Re-Harachte und Hathor-Imentit zur Rechten. Den Architrav zieren Uräusschlangen und Maat, die Göttin der Wahrheit.*

84 Mitte links *Nofretiri, die große königliche Gemahlin von Ramses II., war mit Sicherheit die Lieblingsfrau des Pharaos. Auf diesem Bild spielt Nofretiri* senet, *ein Dameähnliches Spiel. Es gehörte zu den Prüfungen, die jeder ablegen musste, der in das Reich des Osiris eingehen wollte.*

84 unten links *Das Grab der Nofretiri gilt aufgrund seiner außergewöhnlich komplexen Struktur und der herrlichen Wandmalereien als schönste Stätte im Tal der Königinnen. Hier steht Nofretiri vor Thot, dem göttlichen Schreiber. Sie rezitiert Formeln aus dem Totenbuch, um die Vase und die Schreibtafel sowie die damit verbundenen magischen Kräfte zu erhalten.*

84 oben rechts *Die Wandgemälde im Grab der Nofretiri litten unter Feuchtigkeit und den Folgen eines Erdrutsches, deshalb blieb das Grab für annähernd 40 Jahre geschlossen. In den 80er-Jahren begannen auf Initiative der Egyptian Antiquities Organization und des Paul Getty Conservation Institute die Restaurierungsarbeiten, die 1992 abgeschlossen waren. Auf diesem Foto ist die Göttin Maat zu sehen, die ihre geflügelten Arme schützend um Nofretiri breitet.*

84 Mitte rechts *Als man das Grab der Nofretiri entdeckte, hatten Plünderer es bereits ausgeräumt. Die Mumie der Königin blieb ebenso verschwunden wie der reiche Grabschatz, der sich hier zweifellos befunden hatte. Auf diesem Bild reicht die Herrscherin den Göttinnen Hathor und Selkis zwei Ritualgefäße mit Gaben.*

84 unten rechts *Durch die Restaurierung erhielten die herrlichen Farben der Wandmalereien ihren alten Glanz zurück. Hier nimmt der falkenköpfige Gott Horus die Königin bei der Hand.*

85 links *Dieses bemerkenswerte Gemälde zeigt Nofretiri mit einem Kopfputz in Form eines Geiers, über dem eine Federkrone mit Sonnenscheibe thront. Der Ohrring hat die Gestalt der Uräusschlange.*

el-Harim), erstreckt. Im Tal der Könige liegen die Grabkammern der Pharaonen, aber auch die letzten Ruhestätten bedeutender Fürsten und Würdenträger. Das Theben der Toten umfasst grandiose Tempel und große unterirdische Krypten, die in den Fels eines engen, gewundenen Cañons gehauen wurden. In dieser einzigartigen Landschaft aus goldbraun schimmerndem Stein ruhen die berühmtesten Herrscher des alten Ägypten. Ein Hauch von Ewigkeit umgibt die Stätte mit ihren 64 Gräbern, von denen nur etwa ein Dutzend zur Besichtigung offen stehen. Im Wesentlichen handelt es sich um Pharaonengräber der 18. bis 20. Dynastie, von Amenophis II. über Sethos I. bis hin zu Ramses III. Hier befindet sich auch das weltberühmte Grab des Tutanchamun, das Howard Carter 1922 in unversehrtem Zustand entdeckte.

Nicht minder faszinierend ist das Tal der Königinnen etwas weiter südwestlich. Es birgt einzelne Gräber der Königinnen der 17. Dynastie, hauptsächlich aber die von Königinnen und Prinzen der 19. und 20. Dynastie. Zu den schönsten Stätten gehören das Grab der Titi und das der Nofretiri, der Gemahlin Ramses' II. Hierbei handelt es sich um eines der komplexesten und am reichsten ausgestatteten Gräber. Auch Amun-herchopeschef, der Sohn Ramses' III., wurde in diesem Tal beigesetzt.

Die Würdenträger und Beamten des Neuen Reiches, jener Epoche, in der Theben an Bedeutung gewann, wurden in den Nekropolen von el-Asasif, el-Khokha, Schech Abd el-Kurna und Kurnet Murai bestattet.

Fast keines der thebanischen Gräber entging dem suchenden Blick der

85 oben rechts
Der Gott Osiris trägt das gleiche Gewand wie Nofretiri. Dies deutet auf die bevorstehende Verschmelzung der beiden hin. Osiris erscheint viermal auf verschiedenen Pilastern in der Grabkammer der Königsgemahlin.

85 unten rechts
Dieses Gemälde zeigt Chnum, den Spender von Nil- und Quellwasser, in Begleitung der Göttinnen Isis (rechts) und Nephthys (links).

86 oben *In der thebanischen Nekropole von Schech Abd el-Kurna stießen Archäologen auf zahlreiche Gräber bedeutender Würdenträger. In vielen von ihnen erzählen Wandgemälde vom Alltag im alten Ägypten. Diese Aufnahme stammt aus dem Grab des Nacht, eines „Schreibers und Astronomen des Amun", der unter Thutmosis IV. lebte. Das Grab ist reich mit landwirtschaftlichen Motiven verziert, die den Anbau von Getreide, die Weinlese, aber auch Jagd und Fischfang illustrieren. Hier sieht man das Reinigen des Getreides.*

86 Mitte *Im Grab des Rechmire, Wesir der 18. Dynastie, finden sich Darstellungen von Tributzahlungen, die unterworfene Völker in Geld, Naturalien oder in Form lebender Tiere entrichteten.*

86 unten *Im Grab des Nacht findet sich die außergewöhnlich detailreiche Darstellung eines Leichenschmauses, bei dem die Gäste dem Verstorbenen und seiner Gemahlin – hier mit einem Entenküken in der Hand – Speisen und Blumen darbringen.*

86–87 *Das Grab des Ramose, eines Wesirs unter Amenophis III. und Amenophis IV. zeichnet sich durch erlesene Reliefarbeiten aus. Sehenswert ist vor allem die Szene, die den Leichenzug des Verstorbenen darstellt. Die Aufnahme zeigt ein Detail mit zwei Gästen des Totenbanketts. Vermutlich wurde der Tote nicht in dem für ihn vorgesehenen Grab bestattet, da er Amenophis IV. folgen musste, der die Hauptstadt von Theben nach Tell el-Amarna verlegte.*

87 oben *Das Grab des Paschedu aus der Ramessidenzeit liegt in der thebanischen Nekropole im Tal von Deir el-Medina. Hier kniet der Verstorbene unter einer Palme und stillt seinen Durst.*

87 unten *Das Grab des Menena, das sich in Schech Abd el-Kurna befindet, ist in einem hervorragenden Zustand. Menena war Katasterschreiber der Ländereien und Feldmesser unter Thutmosis IV. Auf diesem Bild pflückt die Tochter des Verstorbenen Lotosblüten.*

88–89 Das Grab des Sennodjem, „Diener im Sitze der Wahrheit" zur Zeit Sethos' I. und Ramses' II. befindet sich in der Nekropole von Deir el-Medina. Dieses Gemälde zeigt vier Felder des Elysiums mit Blumen und Bäumen am Fluss sowie den Toten, der mit seiner Gemahlin pflügt und Flachs und Korn erntet. Außerdem sind Sennodjem und seine Gattin vor Göttern zu sehen sowie die Sonnenbarke mit Pavianen zur Rechten und zur Linken.

89 oben links *Dieses Wandgemälde zeigt die Mumie des Sennodjem auf der Totenbahre im Sarkophag. Zu beiden Seiten des Verstorbenen sitzen die Schutzgöttinnen Isis (links) und Nephthys (rechts), die als Falken dargestellt sind.*

89 unten links *Die Wandgemälde im Grab des Sennodjem mit dem unverwechselbaren ockerfarbenen Hintergrund zählen zu den schönsten der Nekropole von Deir el-Medina. Dieses Bild zeigt eines von acht Deckengemälden der Grabkammer.*

89 oben rechts *Auf diesem Bild beten Sennodjem und seine Gemahlin Iniferti zu Wächtern eines Tores der Unterwelt.*

89 Mitte rechts *Das Grab des Sennefer, Vorsteher von Theben unter Amenophis II., befindet sich in der Nekropole von Schech Abd el-Kurna. Die Grabkammer ist mit Szenen aus dem Jenseits verziert und zeigt den Verstorbenen mit Merit, einer seiner drei Frauen. Auf diesem Bild kehrt die Barke mit dem Leichnam des Sennefer von der traditionellen Reise nach Abydos zurück.*

89 unten rechts *Sennefer und seine Gemahlin Merit sind hier zunächst in traditioneller Haltung sitzend dargestellt, das nächste Bild zeigt sie stehend beim Verlassen des Grabes.*

90–91 *Das Tal von Deir el-Bahari ist der Göttin Hathor geweiht. Die Anlage besteht aus drei Tempeln, dem Totentempel des Mentuhotep I. (links) dem weitgehend zerstörten Tempel Thutmosis' III. (Mitte) und dem imposanten Terrassentempel der Hatschepsut (rechts).*

91 oben *In der Hathorkapelle des Tempels der Hatschepsut stehen Säulen mit Hathorkapitellen, die das Gesicht der Göttin mit Kuhohren zeigen.*

91 unten *Die untere Kapelle des Terrassentempels der Hatschepsut ist dem schakalköpfigen Gott Anubis geweiht. Die Aufnahme zeigt die Hypostylhalle mit 12 kannellierten Säulen und dem Eingang, der in zwei aufeinander folgende Räume führt.*

90 oben links
Der Tempel der Hatschepsut in Deir el-Bahari gehört zu West-Theben. Die Aufnahme zeigt ein Flachrelief mit einer Schiffsexpedition in das geheimnisvolle Weihrauchland Punt, die die Herrscherin initiiert hatte. Auf dem Bild transportieren Träger einen ausgegrabenen und in einen Kübel gesetzten Myrrhebaum, der auf ein Schiff verladen werden soll.

90 oben rechts
Die mittlere Terrasse des Tempels der Hatschepsut besitzt einen Portikus, dessen Säulen Osiriskolosse zieren. Nach dem Tod der Königin ließ ihr Nachfolger Thutmosis III. den Tempel weitgehend zerstören. Auch unter Ramses III. wurde er schwer beschädigt. Hatschepsut hatte nach dem Tod ihres Gatten und Halbbruders Thutmosis II. die Macht an sich gerissen. Sie übernahm zunächst die Regentschaft für ihren Stiefsohn und Halbneffen Thutmosis III., ließ sich jedoch im zweiten Jahr ihrer Regentschaft zur Königin ausrufen.

Grabräuber, die gerissener waren als die königlichen Baumeister und es verstanden, Falltüren, blinde Gänge und Schutzvorrichtungen zu umgehen. Auf diese Weise gingen Grabbeigaben von unschätzbarem Wert verloren, was die alten Ägypter jedoch zweifellos weniger bedrückte als die Tatsache, dass Eindringlinge die Ruhe der Toten gestört hatten. Um wenigsten die Mumien der Herrscher zu schützen, brachten einige Priester und hohe Beamte die Überreste der Pharaonen heimlich in versteckten Gräbern unter, die erst Gaston Maspero im Jahr 1881 aufspürte.
Während in der Ebene unterhalb des Ramesseums, lediglich Trümmer einer Kolossalstatue Ramses II. verstreut liegen, blieb der Terrassentempel der Hatschepsut (18. Dynastie) in der eindrucksvollen Felslandschaft von Deir el-Bahari weitgehend erhalten. Die Tochter von Thutmosis I. regierte zunächst stellvertretend für Thutmosis III., ihren Stiefsohn und Halbneffen, ließ sich jedoch im zweiten Jahr ihrer Regentschaft zur Königin erheben. Thutmosis III. rächte sich nach ihrem Tod, indem er alle Bilder von ihr und sogar ihren Namen auf sämtlichen Bauten tilgen ließ.
Einen Besuch lohnen auch der Tempel Sethos' I., den dessen Sohn Ramses II. vollendete, sowie der Tempel Mentuhoteps I. (11. Dynastie), die sich ebenfalls in Deir el-Bahari befinden.
In Deir el-Medina erhebt sich ein Heiligtum aus ptolemäischer Zeit. Weiter südlich wartet Medinet Habu mit einer Reihe berühmter Ruinen auf. Hier standen einst der mächtige Tempel Ramses' III., ein Peripteraltempel der 18. Dynastie mit Kapel-

92 oben links und Mitte *Der Totentempel Ramses' II. in West-Theben, auch Ramesseum genannt, weist nur noch wenige Spuren des einstigen Glanzes auf. Ursprünglich umfasste die Anlage zwei große Höfe, die jeweils einen monumentalen Eingangspylon hatten, eine Vorhalle, den großen Säulensaal, zwei Vorsäle das Allerheiligste, Krypten, Magazine und verschiedene Anbauten.*

92 unten links *Wie in vielen Bauwerken Ramses' II. ließ sich der Pharao auch im Ramesseum mehrfach verewigen. Kolossalstatuen tragen das Antlitz des berühmten Herrschers, der 67 Jahre lang regierte. Leider sind die meisten inzwischen schwer beschädigt. Die Aufnahme zeigt einen perfekt gearbeiteten Kopf aus Granit. Er gehörte zu einer der beiden Statuen des Pharaos, die die Haupttreppe zum großen Säulensaal flankierten.*

92 oben rechts *Die Luftaufnahme zeigt im Hintergrund die thebanischen Berge und im Vordergrund das Areal, auf dem einst der Tempel von Amenophis III. stand. Heute sind nur noch die beiden gigantischen Memnonkolosse zu sehen.*

92–93 *Das fruchtbare Schwemmland des Nil mit den bebauten Äckern grenzt direkt an die Wüste und die thebanische Nekropole. Auf diesem Bild ist das Ramesseum im Vordergrund zu erkennen, im Hintergrund liegt der Tempel von Medinet Habu.*

93 oben *Die 17,9 m hohen Memnonkolosse wurden jeweils aus einem einzigen Sandsteinblock gebauen und nach Osten ausgerichtet. Die Sitzstatuen stellen Amenophis III. dar und standen einst zu beiden Seiten des Eingangs, der zum Totentempel des Pharaos führte.*

94 *Der Tempelkomplex von Medinet Habu erhebt sich an der Stelle, an der Amun zum ersten Mal erschienen sein soll. Das Areal ist von einer Mauer aus ungebrannten Ziegelsteinen umschlossen. Es umfasst den Großen und den Kleinen Tempel, Überreste eines Tempelpalastes, Ziegelgebäude (Wohnungen für Würdenträger, Verwaltungsgebäude, Magazine und Stallungen) sowie die Kapellen der Gottesgemahlinnen. Die Fotos zeigen den 1. Pylon des Tempels Ramses' III. (oben), den ptolemäischen Pylon des Kleinen Tempels (Mitte) und den 1. Hof des Tempels Ramses' III. mit den Osirispfeilern (unten).*

94–95 *Der Tempelkomplex von Medinet Habu gehört zu den vollkommensten architektonischen Anlagen in Theben. Das Areal erstreckt sich über eine Fläche von 8 ha. Mehr als 60 000 Arbeiter wirkten an seiner Fertigstellung mit.*

95 oben links *Berühmt sind vor allem die Flachreliefs auf den Pylonen des Tempels Ramses' III. Dieses Bild ziert den 1. Pylon. Es zeigt den Pharao, der wilde Stiere jagt.*

95 oben rechts
Die Viereckpfeiler des 2. Hofes im Tempel Ramses' III. in Medinet Habu sind mit Szenen verziert, in denen der Pharao den Göttern Opfer darbringt. Sie weisen noch Reste der ursprünglichen Farbgebung auf.

96 oben links Der Tempel von Luxor zeugt vom Glanz der antiken Stadt Theben. Die Anlage umfasst einen Säulenhof mit doppelter Kolonnade und das eigentliche Tempelhaus mit Vorhalle, die zur Zeit Amenophis' III. entstanden. Den Eingangspylon mit den Kolossalstatuen und Obelisken sowie den großen Säulenhof fügte Ramses II. hinzu.

96 unten links Der Tempel von Luxor erhebt sich am rechten Ufer des Nil.

96 rechts und 97 oben rechts Der Durchgang, der vom 1. Hof zum großen Säulengang des Tempels von Luxor führt, wird von Kolossalstatuen flankiert. Amenophis III. hatte sie errichten lassen, doch verlieh ihnen Ramses II. seine Gesichtszüge.

96–97 Zwei der ursprünglich sechs Kolossalstatuen aus grauem Granit flankieren heute den gewaltigen Pylon Ramses' II. in Luxor. Die beiden Sitzfiguren sind jeweils 14 m hoch. Einen der beiden Obelisken vor dem Eingang machte Mohammed Ali dem französischen König Louis Philippe zum Geschenk.

len für den Amunkult, sowie mehrere kleinere Heiligtümer.
Die Memnonkolosse sind die einzigen Überreste des imposanten Tempels von Amenophis III. Vermutlich im Jahr 27 v. Chr. beschädigte ein Erdbeben die beiden gewaltigen Statuen aus Sandstein. Im Jahr 199 ließ Septimus Severus die Kolosse restaurieren. Bis zu diesem Zeitpunkt ertönte allmorgendlich aus einer der Statuen ein seltsames Singen, wenn die Sonne den Stein zu erwärmen begann. Der Legende zufolge grüßte der von Achill getötete Memnon auf diese Weise seine Mutter, die Göttin Eos.
Am anderen Ufer des Nil liegt Luxor, das Theben der Lebenden. Die Stadt war Kultort des Gottes Amun. Der widderköpfige Sonnengott bildete mit seiner Gemahlin Mut und dem gemeinsamen Sohn Chons die Thebanische Triade. Noch immer ist in Luxor der einstige Glanz spürbar. Auch auf antike Reisende machte die Stadt großen Eindruck. Im Jahr 57 v. Chr. schrieb Diodorus Siculus: „In keiner anderen Stadt unter der Sonne stehen so viele herrliche Monumente aus Gold, Silber und Elfenbein und nirgendwo gibt es so viele aus einem einzigen Stein gehauene Kolosse und Obelisken."
Nachdem sich das Christentum als Staatsreligion durchgesetzt hatte, wurden die Tempel und Heiligtümer geplündert. Im Lauf der Jahrhunderte verfielen manche Bauwerke. Dennoch bietet das Ostufer des Nil noch immer interessante Zeugnisse der Vergangenheit, von denen sich viele im archäologischen Museum befinden. Dieses wartet unter anderem mit einer reichen Skulpturensammlung auf.

97 oben links *Der Tempel von Luxor war durch eine Allee widderköpfiger Sphingen mit dem Großen Amuntempel in Karnak verbunden. Nektanebos I. ließ sie durch Sphingen mit Menschenköpfen ersetzen.*

98 oben *In Karnak befindet sich die eindrucksvollste und komplexeste Tempelanlage Ägyptens. Fast jeder Pharao ließ die Anlage erweitern oder verschönern, wobei er an die bereits existierenden Strukturen anknüpfte. Dieses Foto zeigt einen Teil des berühmten Großen Säulensaals.*

98 Mitte *Auf dem Relief der südlichen Kapelle des Tempels von Karnak ist das Opetfest dargestellt. Der hier fotografierte Ausschnitt zeigt die Priester von Luxor und Karnak, die die heiligen Barken von Amun-Re, Mut und Chons zum Nil tragen .*

98 unten *Die meisten Skulpturen und Kolossalstatuen im Tempel von Karnak stammen aus der Zeit Ramses' II. und Ramses' III. Der Komplex umfasst einen heiligen See, zahlreiche Säle, kleine Tempel und Sakralbauten wie zum Beispiel den Opettempel und den Tempel der Göttin Mut.*

98–99 *Der 1. Pylon des Tempels von Karnak entstand zur Zeit von Nektanebos I. (30. Dynastie), blieb jedoch unvollendet. Der Bau der Anlage begann bereits unter Sesostris I. (12. Dynastie), die letzten Arbeiten wurden rund 1600 Jahre später ausgeführt.*

99 oben links *Der Tempelkomplex von Karnak, den die Ägypter Ipet-isut nennen, erstreckt sich über eine Gesamtfläche von ca. 300 000 m². Die Gebäude liegen an zwei Hauptachsen, die von Westen nach Osten und von Norden nach Süden verlaufen. Sie symbolisieren Himmel und Erde, göttliche und königliche Macht.*

Im Tempel von Luxor (260 x 50 m) fanden die Feierlichkeiten zu Ehren des Gottes Amun statt. Seinen Höhepunkt erreichte der Amunkult unter Amenophis III. und Ramses II. Ersterer ließ den Tempel mit einem Säulengang mit Reliefbildern, mit einem Säulenhof mit doppelter Kolonnade und das eigentliche Tempelhaus mit Vorhalle erbauen. Ramses II. ließ die Anlage um einen riesigen Pylon mit den Kolossalstatuen und Obelisken erweitern und den großen Säulenhof hinzufügen. Eine Sphinxallee verband den Amuntempel von Luxor mit dem Großen Amuntempel in Karnak. In der nordöstlichen Ecke des Tempels von Luxor erhebt sich die alte fatimidische Moschee des Abu'l-Haggag unter der sich vermutlich noch weitere Überreste des Tempels verbergen.

Drei Kilometer von Luxor entfernt liegt die von Ziegelmauern umschlossene heilige Stadt Karnak mit den Überresten mehrerer wichtiger Gebäude. Die Hauptbedeutung kam dem Großen Amuntempel zu, dessen Baugeschichte von der 12. Dynastie bis in die ptolemäische Zeit reicht. Die Anlage umfasst zahlreiche Bezirke, darunter die Große und die Kleine Hypostylhalle, das Allerheiligste, die Große Festhalle und den Hof aus dem Mittleren Reich. Außerdem befinden sich auf dem Gelände ein Ptahtempel mit fünf Toren, Hof und dem Heiligtum mit drei Kapellen sowie ein Chonstempel mit monumentalem Eingang, Hypostylhalle, Hof und Cella. Nur wenig ist vom Opettempel mit Terrasse, Vestibül und mehreren Sälen und vom Muttempel erhalten, den Amenophis III. und Ramses III. hatten erbauen lassen. Eine Reihe kleinerer Gebäude, ein

99 oben rechts
Karnak galt als heilige Stadt und war nur für die mächtigen thebanischen Priester zugänglich, die hier religiöse Zermonien vollzogen. Zwei von Hatschepsut in Auftrag gegebene Obelisken mit vergoldeten Spitzen überragten den Tempel; nur einer davon befindet sich noch an seinem ursprünglichen Platz.

100 oben rechts und 101 oben *Der Tempel von Edfu war dem Gott Horus geweiht. Er galt als Beschützer des Pharaos, der ihn auf Erden verkörperte. Die Bauarbeiten begannen im Jahr 237 v. Chr. und dauerten bis 57 v. Chr. Der ptolemäische Tempel gehört zu den am besten erhaltenen Bauwerken des Landes. Eine Mauer umschließt den 137 m langen und 79 m breiten Komplex mit Eingangspylon, großem Hof, Vorhalle, Säulensaal, zwei Vestibülen und dem Allerheiligsten mit mehreren Kapellen.*

101 Mitte und unten *Der Tempel von Kom Ombo aus ptolemäischer Zeit war den Göttern Sobek und Haroeris geweiht. Der Grundriss der Anlage ähnelt dem des Tempels von Edfu, doch der Komplex hat zwei getrennte Eingänge, einen Pylon und einen Säulenhof, eine Vorhalle, einen Säulensaal, drei Vestibüle und zwei Kapellen.*

100 oben links *Der Tempel des Chnum von Esna entstand in ptolemäischer und römischer Zeit. Er wartet mit einigen eleganten Flachreliefs auf. Sie zeigen unter anderem magische Riten und römische Kaiser in den Gewändern der Pharaonen vor den verschiedenen Göttern von Esna.*

100–101 *Der Tempel des Chnum in Esna war dem widderköpfigen Schöpfer der Menschheit geweiht. Erhalten blieb die große Hypostylhalle aus der Zeit des römischen Kaisers Claudius mit 24 mächtigen Säulen, die eine mit astronomischen Konstellationen und Tierkreiszeichen verzierte Decke stützen.*

heiliger See, die imposante Sphinxallee und die gewaltigen Eingangspylonen mit mächtigen Kolossalstatuen vervollständigen den Komplex.
Für die alten Ägypter war die Welt nach Süden ausgerichtet, denn von dort kam der Fluss, der das Land mit Leben spendendem Wasser versorgte. Fährt man nilaufwärts bis Assuan, so wird der Nil schmaler und an die Stelle der Ebenen treten Hügel.
In Esna, etwa 50 km südlich von Luxor, stehen die Überreste des ptolemäischen Chnumtempels. Die Ägypter verehrten den widderköpfigen Gott, der die Menschen auf der Töpferscheibe aus fruchtbarem Nilschlamm geformt haben soll. Von dem Tempel existiert heute noch die große Hypostylhalle mit 24 mächtigen Säulen unterschiedlicher Ordnungen. Die erlesenen Flachreliefs zeigen römische Kaiser in ägyptischen Gewändern, die verschiedenen Göttern opfern. Die Arbeiten müssen keinen Vergleich mit den Reliefs im Horustempel von Edfu scheuen, der Hauptstadt des zweiten oberägyptischen Gaus. Die Griechen nannten die Stadt Apollinopolis Magna. Zwischen 237 v. Chr. und 57 v. Chr. entstand hier unter den Ptolemäern das Heiligtum, das zu den am besten erhaltenen des Landes zählt.
Auch der Tempel von Kom Ombo galt unter den Ptolemäern als bedeutender Kultort. Hier huldigten die Ägypter dem falkenköpfigen Gott Haroeris („Horus der Große“) und dem Krokodilgott Sobek. Haroeris war eine Erscheinungsform des Horus, dem Vater der Götter. Der Doppeltempel hat zwei Eingänge, die zu zwei Tempelhälften führen. Die typischen Blumenkapitelle aus ptole-

102 oben links *Der Nasser-See entstand durch den Bau des Assuan-Hochdammes im Jahr 1971. Der 500 km lange und 10 km breite See hat eine Vielzahl nubischer Dörfer überschwemmt.*

102 unten links *Die Insel Elephantine bei Assuan mit ihren unverwechselbaren dunklen Felsen ist kaum zwei Kilometer lang, nur 500 m breit und liegt mitten im Nil. Gärten und Palmenhaine säumen ihre Ufer.*

102 oben rechts *Assuan liegt etwa 200 km von Luxor entfernt im Grenzbereich des antiken Ägypten. Hier kreuzten sich Karawanenstraßen aus Schwarzafrika, dem Sudan, den Wüsten im Westen des Landes und dem Roten Meer. Unweit von Assuan liegen große Steinbrüche, aus denen die Ägypter ihre Granitblöcke für Obelisken und Kolosse bezogen.*

102 unten rechts *Auf der Insel Elephantine erinnern ein kleines archäologisches Museum und die Ruinen dreier Tempel, die Chnum, der Göttin Satis und dem vergöttlichten Gaufürsten Hekaïb gewidmet waren, an die Vergangenheit. Hier steht auch das Nilometer, eine antike Messskala mit 90 Einheiten, auf der man den Wasserpegel des Flusses ablesen konnte.*

mäischer Zeit bilden den Abschluss der Säulen. In der Umgebung und im Inneren der Anlage entdeckten Archäologen Hunderte von mumifizierten Krokodilen, die vermutlich in einem Becken östlich des Geburtshauses gehalten wurden.

Assuan, das antike Syene, liegt am rechten Nilufer an der Grenze zu Nubien unterhalb des 1. Kataraktes. Zu den Sehenswürdigkeiten im Umkreis der Stadt gehören unter anderem die Felsengräber der Fürsten von Elephantine am Westufer des Nil, das Mausoleum des Aga Khan, des Oberhauptes der schiitischen Ismailiten, das alte, seit dem 13. Jahrhundert verlassene Koptenkloster des heiligen Simeon und das berühmte Cataract Hotel mit seinem herrlichen Speisesaal, dem stimmungsvollen Park und der mächti-

gen Kuppel im mameluckischen Stil. Das 1899 eröffnete Hotel ist eines der Wahrzeichen von Assuan und beherbergte in der Vergangenheit illustre Gäste wie Rommel, Churchill, die britische Königsfamilie und den ägyptischen Monarchen Faruk I. Viele Araber suchen Assuan als Winterkurort auf.

Eine Reihe von Deichen staut den Nil zu einem großen See mit mehreren Inseln auf. Glatt und oval liegen sie wie versteinerte Nilpferde im Fluss und leuchten je nach Sonnenstand rot oder schwarz. Die Insel Elephantine mit ihren dunklen Felsen ist mit knapp zwei Kilometer Länge und 500 m Breite die größte unter ihnen. Ein Palmenhain spendet Besuchern auf dem Weg zu den Überresten dreier Tempel Schatten. Einen Aufenthalt auf Elephantine sollte man auch einplanen, um das archäologi-

102–103 *Die weißen Segel der Feluken leuchten vor dem Hintergrund der Stadt Assuan, die sich am rechten Ufer des Nil erhebt.*

103 oben *In Assuan befinden sich die Felsengräber der Fürsten von Elephantine aus dem Alten und Mittleren Reich und das Mausoleum des Aga Khan, des Oberhauptes der schiitischen Ismailiten.*

104 rechts und 105 oben rechts Der Isistempel von Philae ist das größte Bauwerk, das man im Zuge des Baus des Staudamms auf die Insel Agilkia versetzte. Er umfasst einen monumentalen Eingangspylon, einen Vorhof mit Geburtshaus (Mammisi) und Kolonnade, einen zweiten Pylon, einen Hof mit zwei kleinen Hallen, die Vorhalle sowie mehrere Vorsäle mit Nebenräumen und schließlich das Allerheiligste. Von der ersten westlichen Seitenkammer führt eine Treppe auf das Dach zu einem Osirisheiligtum.

105 oben links Den Ab- und Aufbau der Tempel von Philae nahm die ägyptische Regierung von 1972 bis 1980 mit Unterstützung der UNESCO vor. Neben der Halle Nektanebos' I. erhielten der Isistempel, der Hathortempel, das Nilometer und der Kiosk des Trajan eine neue Heimat.

sche Museum und das antike Nilometer zu besichtigen. Diese altägyptische Messskala zeigte den Wasserstand des Flusses an, nach dem sich auch die Tributzahlungen der Bauern berechneten. Die benachbarte Pflanzeninsel (früher Kitchener Insel) mit zahlreichen afrikanischen und asiatischen Pflanzenarten lädt zum Verweilen ein.
Assuan bildet den Endpunkt des schiffbaren Nil in Oberägypten. Hinter den Katarakten liegt der Assuan-Hochdamm, der den Nil aufstaut und das Ökosystem der gesamten Region stark verändert hat.
23 Tempel, Heiligtümer und Monumente mussten dem Assuan-Hochdamm weichen und wurden an andere Stellen versetzt. Die Bauwerke der Insel Philae verlegte man zum Beispiel auf die Insel Agilkia.

104 links Der Kiosk des Trajan stand ursprünglich auf der Insel Philae. Er besteht aus 14 glockenförmigen Säulen und diente, ebenso wie der benachbarte Tempel, dem Isiskult. Der Kiosk wurde jedoch nie vollendet.

104–105 Viele Tempel und Monumente Nubiens, die der Nasser-See überflutet hätte, wurden demontiert und an höher gelegenen Orten wieder aufgebaut. Dies gilt zum Beispiel für die Bauwerke auf der Insel Philae, die man auf die eingeebnete und vergrößerte Insel Agilkia verlagerte.

106 oben und 106–107 *Der Tempel von ed-Dakka aus griechisch-römischer Zeit ist dem Gott Thot geweiht. Der äthiopische König Ergamenes (3. Jahrhundert v. Chr.) ließ ihn während der Herrschaft von Ptolemaios II. Philadelphos anstelle eines älteren Tempels aus dem Neuen Reich errichten. Erhalten blieben der Pylon, drei übereinander liegende Räume, zwei Terrassen, eine Vorhalle und ein Vestibül.*

106 Mitte *Etwa einen Kilometer südwestlich vom Assuan-Hochdamm erheben sich am Ufer des Nasser-Sees an der Stätte Neu-Kalabscha die Überreste des nubischen Mandulistempels. Der 72 m lange und 35,5 m breite Tempel wurde mit finanzieller Unterstützung der Bundesrepublik Deutschland an dieser Stelle wieder aufgebaut.*

106 unten *Der Tempel von Kalabscha wurde zur Zeit von Kaiser Augustus über einem älteren Gebäude aus der Zeit Amenophis' II. errichtet. Die Anlage mit Pylon, Hof, dreiseitigem Portikus, Vorhalle und dreiräumiger Cella ähnelt dem Tempel von Edfu. Der Komplex ist von einer doppelten Mauer umschlossen.*

107 oben links *Der Tempel vom Wadi es-Sebua steht heute dank finanzieller Unterstützung der USA etwa vier Kilometer von seinem ursprünglichen Standort entfernt. Der 140 km südlich von Assuan gelegene Komplex war Amun-Re und Re-Harachte geweiht. Von der Anlage sind der Pylon, ein Hof, die Vorhalle, ein Vestibül und mehrere Kapellen erhalten.*

107 oben rechts *Die Stätte Amada, zu der auch der Tempel von ed-Derr und das Felsengrab des Pennut, eines Beamten Ramses' VI. gehören, wird von einem Amun-Re und Re-Harachte geweihten Tempel aus der Zeit Thutmosis' III. und Amenophis' II. überragt. Der Tempel wurde unter Thutmosis IV. erweitert. Mithilfe französischer Gelder konnte man das Heiligtum, das zu den berühmtesten nubischen Bauwerken gehört, an eine andere Stelle versetzen.*

108 oben links *Etwa 100 m nordöstlich des Großen Tempels Ramses' II. in Abu Simbel liegt der seiner Gattin Nofretiri gewidmete Tempel, der auch unter dem Namen Kleiner Hathortempel bekannt ist. An der Fassade des in den Fels gehauenen Tempels stehen sechs mächtige Statuen von Mitgliedern der königlichen Familie.*

108 unten links *Im Allerheiligsten des Großen Tempels von Abu Simbel befinden sich vier in den Stein gehauene Sitzfiguren, die Amun-Re, den vergöttlichten Ramses, Re-Harachte und Ptah darstellen. Die Statuen sind so angeordnet, dass Amun-Re, Ramses und Re-Harachte zweimal pro Jahr von der Sonne angestrahlt werden.*

108 rechts und 108–109 *Der Große Tempel von Abu Simbel ist das berühmteste Bauwerk, das dem Nasser-See weichen musste und an eine andere Stelle versetzt wurde. Aus 20 m Höhe blicken die riesigen Steinkolosse Ramses' II. vom Großen Tempel herab. Kleiner sind die Statuen der Königinmutter, der Gemahlin des Pharaos, Nofretiri, und der Kinder des Herrschers, die zwischen und neben den Beinen der Kolosse stehen. In der Nische über dem Eingang ist Re-Harachte dargestellt.*

109 oben links *Die Vorhalle des Großen Tempels von Abu Simbel ist mit acht Osirispfeilern, die fast 10 m hoch sind, geschmückt. Die Kolossalstatuen stellen Ramses II. als Osiris dar.*

Die meisten Ägyptenreisen enden mit dem traditionellen Besuch von Abu Simbel, dem letzten Vorposten der ägyptischen Kultur am südlichen Nil. Die Tempel vor Ort verbinden sich mit dem Namen Ramses' II., einem der bedeutendsten Herrscher der Antike. An der Fassade des Großen Tempels thronen vier 20 m hohe, aus dem Fels gehauene Sitzfiguren, die den Pharao zeigen. Neben und zwischen seinen Beinen stehen kleinere Statuen von Familienangehörigen des Herrschers. Zusammen mit dem Fels, in den er eingebettet ist, erreicht der Tempel eine Höhe von rund 60 m. Im Inneren führt der Weg in die Vorhalle mit acht Osirispfeilern des Pharaos und Reliefs, die die wichtigsten Schlachten des großen Feldherrn zeigen. Der benachbarte Tempel der Königsgemahlin Nofretiri wird auch Kleiner Hathortempel genannt. Je drei über 10 m hohe Statuen Ramses' II. und seiner Gemahlin lehnen zu beiden Seiten des Eingangs. Dieser Tempel umfasst eine große Halle mit sechs Pfeilern, einen Quersaal und das Sanktuarium.

In früheren Zeiten waren die beiden Tempel nicht so sehr für ihre Schönheit als vielmehr wegen ihrer Nähe zueinander berühmt, gehörten doch Ramses II. und Nofretiri zu den Traumpaaren der Antike. Da der Nasser-See die beiden Bauwerke unweigerlich zerstört hätte, demontierte man sie und baute sie an einem höher gelegenen Ort wieder auf.

Die Rettungsaktion der UNESCO begann im Jahr 1964 und dauerte bis 1968. Beim Wiederaufbau der Tempel achtete man darauf, sie genau nach den Kardinalpunkten auszurichten. Zweimal im Jahr, am 20. Oktober und am 20. Februar, erleuchtet jetzt wieder die Sonne drei der vier Sitzfiguren im Allerheiligsten des Großen Tempel. Das Licht lässt Amun-Re, Ramses in göttlicher Gestalt und Re-Harachte erstrahlen, während der Totengott Ptah im Schatten bleibt.

Südlich von Abu Simbel liegt Khartum, die Hauptstadt der Republik Sudan. Hier teilt sich der Nil in den Weißen und den Blauen Nil und verläuft weitere 5600 km durch schwer zugängliches und unwirtliches Gebiet im Herzen Afrikas. Der längste Quellfluss des Nil ist der Kagera, der in den Viktoriasee mündet. Die Suche nach den Nilquellen gehörte zu den größten Abenteuern der Kolonialzeit und kostete viele berühmte Forscher das Leben. Doch dies ist eine andere Geschichte und soll ein andermal erzählt werden ...

109 oben rechts
Von 1964 bis 1968 wurden der Große Tempel und der Kleine Hathortempel abgetragen und etwa 65 m höher und 200 m landeinwärts von ihrem ursprünglichen Standort wieder aufgebaut.

DER SINAI, DAS ROTE MEER UND DIE OASEN

110 links *Rund 200 000 Menschen, die meisten davon Beduinen, leben auf der Sinai-Halbinsel. Besiedelt ist vor allem die nördliche Küstenregion.*

110 rechts *Auf diesem Satellitenbild ist die dreieckige Sinai-Halbinsel deutlich zu erkennen. Im Westen grenzt sie an den Golf von Suez, im Osten an den Golf von Akaba.*

Abseits des Nil und der Pracht der Pharaonenbauten liegt ein anderes, weniger erschlossenes und deshalb vielleicht noch geheimnisvolleres Ägypten. Inmitten der eindrucksvollen Wüstenlandschaft drängen sich Klostergebäude dicht um uralte Kirchen, während das Gemüse in den kleinen Nutzgärten ums Überleben kämpft. Wer diese Gegenden aufsucht, muss sich gegen das gleißende Licht wappnen, das den Horizont zu einer vagen, vibrierenden Fläche verschwimmen lässt. Der Wind formt die Sandhügel alle Augenblicke neu und die Sonne verleiht den unendlichen Weiten alle nur denkbaren Farbnuancen.

Die Sinai-Halbinsel erreicht man über eine jener staubigen Pisten, die das karge Land wie eine Nabelschnur mit dem Rest Ägyptens verbinden. Beduinen durchstreifen die ansonsten menschenleere Region, in der sich einzelne Berge über 2600 m emporrecken. Lediglich im Küstenstreifen des Roten Meeres blüht das Leben in mondänen Badeorten mit luxuriösen Hotelanlagen.

Im Sinai treffen Afrika und Asien aufeinander. Die Pharaonen begehrten das Land wegen der reichen Kupferminen und der großen Edelsteinvorkommen. Im Lauf seiner Geschichte gehörte der Landstrich daher fast immer zu Ägypten. In neuerer Zeit erhielt der Sinai zusätzliche wirtschaftliche Bedeutung, seit man hier auf Ölquellen und Manganerz stieß. Wenn man den Ahmed-Hamdi-Tunnel unter dem Suezkanal passiert hat, beginnt die Pilgerreise zu den Stätten, die sich im Volksglauben mit dem biblischen Exodus verbinden. Hierzu gehören zum Beispiel die

110–111 *Die Oase von Ain Umm Achmed liegt im Sinai. Die Pharaonen begehrten die karge Halbinsel vor allem wegen der reichen Kupfer- und Edelsteinvorkommen.*

111 oben links *Zwischen 1859 und 1869 hob die Compagnie Universelle du Canal Maritime den Suezkanal aus, der das Mittelmeer mit dem Roten Meer verbindet. Der Kanal ist 161 km lang und gilt als technische Meisterleistung des 19. Jahrhunderts.*

111 oben rechts *Der kleine Tempel von Serabit el-Khadem auf der Sinai-Halbinsel ist Hathor, der „Herrin des Türkislandes", geweiht.*

Mosesquellen, kleine Salzwasserbrunnen. Der Legende zufolge verwandelte Moses das Wasser einer dieser Quellen in Trinkwasser, indem er Zweige hineinwarf. Am Fuß des Gebel Faraun liegen die *hammam faraun malun,* die „Bäder des verfluchten Pharaos". Die warmen, schwefelhaltigen Quellen sollen sich an jener Stelle befinden, an der das Wasser die Armee des Pharao verschlang, nachdem Moses für sein Volk das Meer geteilt hatte. Vom Gebel Tahuna aus unterstützte Moses den Kampf der Israeliten gegen die Amalekiter und in der Ebene von er-Rahah schlug das auserwählte Volk sein Lager auf.
Die berühmteste Stätte der Halbinsel ist das Katharinenkloster am Fuß des Gebel Musa (Mosesberg). Kaiser Justinian ließ es Mitte des 6. Jahrhunderts an jenem Platz errichten, an dem der Überlieferung zufolge der brennende Dornbusch gestanden hatte. In 1570 m Höhe thront die 84 x 74 m große Klosterfestung mit dem Mauerring aus Granit. 12–15 m hoch und bis zu 1,65 m dick ist die Mauer des ältesten noch bewirtschafteten Klosters der Welt. Das Kloster, in dem hauptsächlich griechische Mönche leben, umfasst Bauten aus den verschiedensten Epochen. Aus der Zeit der islamischen Eroberung, in der angeblich ein Schutzbrief des Propheten das Kloster vor der Zerstörung bewahrte, stammt die Moschee. Die byzantinische Kirche der Verklärung mit der Dornbuschkapelle entstand im 6. Jahrhundert unter Justinian. Sie birgt unter anderem kostbare Ikonen, ein großes Mosaik mit Aposteln und Propheten, Wandmalereien, zwei Reliquien (Hand und Haupt) der heili-

112 oben links *In 2285 m Höhe steht auf dem Gipfel des Mosesberges die Kapelle der Heiligen Dreifaltigkeit, die 1934 mit Steinresten einer Kirche Kaiser Justinians aus dem Jahr 530 erbaut wurde. Nicht weit davon liegen auch die Ruinen einer kleinen Moschee über einer Grotte, in der Moses Zuflucht gesucht haben soll.*

112 rechts *Die sterblichen Überreste der Priester und Mönche des Katharinenklosters ruhen im Beinhaus inmitten des Klostergartens. Das Katharinenkloster ist die bedeutendste Anlage der Sinai-Halbinsel.*

112–113 *Mitte des 6. Jahrhunderts ließ Kaiser Justinian das Katharinenkloster erbauen. Die Gebäude sind von einem 12–15 m hohen und bis zu 1,65 m dicken Mauerring umschlossen.*

113 oben links *Das Katharinenkloster gehört der griechisch-orthodoxen Kirche und wird hauptsächlich von griechischen Mönchen bewohnt. Die Aufnahme zeigt einen Priester während eines Gottesdienstes in der berühmten Klosterkirche.*

112 unten links
Den Gipfel des Mosesberges erreicht man über eine Treppe mit mehreren tausend Stufen. Hier befindet sich die Beichtpforte, an der früher jeder Pilger sein Gewissen reinigen und um Absolution bitten musste.

gen Katharina von Alexandrien sowie Darstellungen des byzantinischen Kaiserpaares Theodora und Justinian, der zum Schutz der Mönche etwa 200 römische und ägyptische Soldaten in der Nähe des Klosters ansiedelte. Die Schatzkammer der Klosterfestung enthält Kostbarkeiten von unschätzbarem Wert, zum Beispiel alte Kelche, Ikonen, Mitren, Fibeln und Schmelzmalereien. Die Bibliothek besitzt nach dem Vatikan die zweitgrößte Sammlung antiker Handschriften. Hier lagern insgesamt 3500 griechische, arabische, syrische, georgische, äthiopische und slawische Manuskripte, darüber hinaus viele Bücher und Dokumente. Hier entdeckte der evangelische Theologe Konstantin von Tischendorf Mitte des 19. Jahrhunderts auch den „Codex Sinaiticus“, eine handgeschriebene griechische Bibel aus dem 4. Jahrhundert, die sich heute zum größten Teil im Britischen Museum in London befindet.
Pilger, die zwischen dem 14. und dem 18. Jahrhundert Mühen und Gefahren auf sich nahmen, um der heiligen Katharina die Ehre zu erweisen, ritzten ihre Namen in die Mauern des reich mit Fresken verzierten Refektoriums. Im Beinhaus inmitten des Klostergartens ruhen die sterblichen Überreste der Priester und Mönche des Klosters.
Der Katharinenberg (Gebel Katherin) ist mit 2637 m der höchste Berg der Region. Er liegt nicht weit vom Kloster entfernt, doch benötigt man für den Aufstieg einen ganzen Tag. Hierher brachten die Engel der Überlieferung zufolge den Leichnam der heiligen Katharina, die in Alexandria den Märtyrertod gestorben war. Später fanden Mönche die Tote auf dem Gipfel und bauten an der Stelle eine kleine Kapelle. Außerdem befindet sich am Gebel Katherin das Kloster der 40 Märtyrer.
Auch andere Berge im südlichen Sinai waren Stationen der Israeliten durch die Wüste, von der die Bibel im Buche Exodus berichtet. Auf dem 2285 m hohen Gebel Musa soll Moses die Zehn Gebote empfangen haben. Zwei Wege, davon einer über die in den Fels gehauene Pilgertreppe mit Tausenden von Stufen, führen zum Gipfel. In der Nähe befindet sich der Mosesbrunnen und unweit der benachbarten Marienkapelle versammelten sich die wichtigsten Vertreter der Israeliten im Amphitheater der Siebzig Ältesten. Hinter Zypressen verborgen liegen die Eremitage des heiligen Stefan, eine 1934 erbaute Kapelle mit den Ruinen einer von Justinian erbauten Kirche sowie eine kleine Moschee.
Während die Christen für ihre Klöster, Kirchen und Eremitagen bevorzugt hoch gelegene Orte wählten, um Gott besonders nahe zu sein, gibt es an den Hängen auch einige ägyptische Heiligtümer. In Serabit el-Khadem steht zum Beispiel ein kleiner, zum Teil in den Fels gehauener Tempel aus dem Mittleren Reich, der Hathor, der „Herrin des Türkislandes“, geweiht war. Die Arbeiter, die an dem Tempel mitwirkten, hinterließen eine Reihe von Votivgaben. Seit der Antike lieferten die Gebirgsregionen des Sinai und der Arabischen Wüste Baumaterial für Tempel und Paläste der Pharaonen und Imperatoren. Bereits im Alten Reich beuteten die ägyptischen Herrscher die Erzvorkommen des Gebel Hammat aus. Im Wadi Saket lagen Smaragdminen und in der Region um

113 oben rechts
Das Hauptschiff der byzantinischen Kirche der Verklärung weist eine Besonderheit auf: Alljährlich am 25. März erhellt das Licht von Sonne oder Mond die beiden Bilder der Gestirne im Gewölbe. Ihr Widerschein lässt dann den Hauptaltar erstrahlen.

Qift baute man Gold ab. Am Mons Porphyrites und am Mons Claudianus versorgten sich die Römer mit rotem Porphyr und grauem Granit. Die Erze der Sinai-Halbinsel, die man traditionell mit Werkzeugen aus Kiesel brach, wurden im antiken Hafen von Markha verschifft. Die Ruinen des Minenarbeiterdörfchens Maghara, eines der wichtigsten Erzförderzentren des Sinai, liegen an einem steilen Hang unweit der Mine, die von einem doppelten Mauerring umgeben war. Hier entdeckte man Stelen von Cheops und Snofru, Utensilien und Inschriften, die sich heute zum größten Teil im Ägyptischen Museum in Kairo befinden.

Nicht nur auf den Gipfeln der Berge ließen sich christliche Mönche und Pilger nieder. Die Anhänger der neuen Religion zogen sich auch in die Einsamkeit der Arabischen Wüste zurück, jenen schmalen Streifen zwischen dem Nil und dem Roten Meer, in dem sie ihren Glauben ungehindert ausüben konnten. Auf diese Weise entstand unter anderem das Kloster des heiligen Antonius als erstes Kloster des Landes. Der ägyp-

114 *Der Gebel Tahuna überragt die Oase von Faran. Von diesem Berg aus unterstützte Moses der biblischen Legende zufolge den Kampf zwischen den Israeliten und den Amalekitern. Faran, die größte Oase im südlichen Sinai, erlangte zu Beginn der Zeitenwende große Bedeutung und war im 4. Jahrhundert Bischofssitz. Im 7. Jahrhundert begann der Niedergang nach der Eroberung durch die Araber.*

115–118 *Der Sinai verbindet Asien mit Afrika. Im Süden der Halbinsel erhebt sich ein mächtiges Gebirge mit dem 2637 m hohen Katharinenberg (Gebel Katharin) und dem 2285 m hohen Mosesberg (Gebel Musa) als höchsten Gipfeln. Die beiden Berge stehen in enger Verbindung mit der jüdisch-christlichen Tradition und ziehen seit Jahrhunderten unzählige Pilger an.*

119 *Bizarre Steinformationen zeichnen den Gebel Fuga aus. Die Sinai-Halbinsel war bereits in der Antike für ihre Mineralerzvorkommen, eindrucksvollen Landschaften und Naturschauspiele bekannt. Wegen der Lavasäulen, die aus dem Sandstein hervorragen, erhielt der Ort den Beinamen „Säulenwald".*

120 oben links
Das von einer Mauer umschlossene Kloster des heiligen Antonius überstand die muslimische Eroberung aufgrund seiner isolierten Lage in der Arabischen Wüste weitgehend unbeschadet. 1484 (oder 1493) wurde es allerdings geplündert und blieb bis Mitte des 16. Jahrhunderts unbewohnt. Heute leben hier koptische Mönche.

120 oben rechts
Die reich mit Fresken verzierte Kirche des Klosters des heiligen Antonius, um die sich sieben Kapellen, die Mönchszellen, zwei Getreidemühlen, eine Ölmühle und ein Refektorium gruppieren, erinnert noch an die außergewöhnliche Blütezeit zwischen dem 12. und dem 15. Jahrhundert.

120–121 Das Kloster des heiligen Antonius liegt in der Arabischen Wüste zwischen Nil und Rotem Meer. Schüler des berühmten Eremiten errichteten es zwischen 361 und 363. Der Überlieferung zufolge zog sich der „Vater der Mönche" zum Meditieren stets in eine Felsgrotte zurück, die sich etwa 300 m vom Kloster entfernt am Hang eines Berges befindet.

121 links *Kleiner und bescheidener als das Kloster des heiligen Antonius ist das Kloster des heiligen Paulus, das sich ebenfalls in der Arabischen Wüste befindet und im 5. Jahrhundert errichtet wurde. Mehrfach plünderten Muslime das Kloster, in dem der heilige Paulus von Theben begraben liegt. Angeblich starb er erst mit 113 Jahren.*

121 oben rechts *Die Kirche des Klosters des heiligen Antonius wartet mit außergewöhnlichen Fresken auf, die Heilige, Einsiedler und Erzengel darstellen. Leider haben die Darstellungen im Lauf der Zeit viel von ihrer ursprünglichen Schönheit verloren.*

121 unten rechts *Umschlossen von einer mittelalterlichen Mauer liegt das Kloster des heiligen Paulus mit seinen vier Kirchen – der Doppelkirche (Ober- und Unterkirche), der Michaels- und der Mercuriuskirche. Die Fresken im koptischen Stil zeigen unter anderem Maria, den Erzengel Michael sowie den heiligen St. Georg.*

tische Einsiedler gilt als Vater der Mönche. Er lebte als Asket und sammelte im Lauf der Zeit viele Gleichgesinnte um sich. Der Ordensbegründer, der angeblich 105 Jahre alt wurde, pflegte in einer noch heute erhaltenen Grotte am Hang eines Berges unweit des Klosters zu meditieren.
Zwischen dem 12. und dem 15. Jahrhundert erlebte das Kloster seine größte Blütezeit. 1484 (oder 1493) plünderten jedoch mohammedanische Bedienstete die Anlage und die Mönche flohen. Mitte des 16. Jahrhunderts baute sich eine neue Gemeinschaft auf, die einige Erweiterungen vornahm. Der Mauerring umschloss nun den Hauptturm, zwei Getreidemühlen und eine Ölmühle, mehrere Kapellen sowie ein Refektorium, die sich alle um die reich mit koptischen Fresken verzierte Kirche gruppieren. Die Bilder, die im Lauf der Zeit viel von ihrem Glanz eingebüßt haben, zeigen Einsiedler, Heilige und Erzengel, insbesondere Gabriel und Michael.
Aus dem 5. Jahrhundert stammt das Kloster des heiligen Paulus bei Ras Safarana, das Plünderer gleich mehrfach heimsuchten. Es wurde aufgegeben und später von Mönchen des Klosters des heiligen Antonius wieder besiedelt. Hier liegt der heilige Paulus von Theben begraben.
Von dem alten Kloster blieben die mittelalterlichen Mauern, der Viereckturm und ein Gebäudekomplex mit einer Bibliothek erhalten, die antike Handschriften aufbewahrt. Vier Kirchen gehören zur Anlage: Die Unterkirche birgt die sterblichen Überreste des heiligen Paulus; darüber erhebt sich die Oberkirche, die dem heiligen Antonius geweiht ist.
Die dritte Kirche huldigt dem heiligen Michael, die vierte dem heiligen Mercurius. Leider sind die antiken Fresken im koptischen Stil, die deutliche Einflüsse der Volkskunst aufweisen, in einem sehr schlechten Zustand.
In den 60-Jahren begann die touristische Erschließung der abwechslungsreichen Küste des Roten Meeres, das die arabische Halbinsel von Asien trennt. Besonders passionierte Taucher zieht es in die farbenprächtige Welt der Korallenriffe mit ihrer faszinierenden Unterwasserflora und

122 oben *Auf diesem Foto erkennt man Naama Bay, die traumhafte Bucht von Scharm esch-Scheich. In den 60er-Jahren kannten nur wenige passionierte Taucher den Ort, der sich inzwischen zu einem der bekanntesten Touristenzentren am Roten Meer entwickelt hat. Es gibt hier zahlreiche Hotels und Unterkünfte, die jeden erdenklichen Luxus bieten.*

122–123 *Diese Luftaufnahme zeigt Ras Mohammed, die südlichste Spitze der Sinai-Halbinsel. 1991 wurde das Gebiet zum Nationalpark erklärt, um die außergewöhnliche Artenvielfalt über und unter Wasser zu schützen.*

123 oben *Die Pharaoneninsel (Gezira el-Faraun) liegt im Golf von Akaba unweit der Grenze zu Israel. Im Jahr 1170 ließ Sultan Saladin die mächtige steinerne Festung errichten, die das Eiland beherrscht. Lange Zeit kümmerte sich niemand um das Fort, doch vor kurzem begann man es wieder im ursprünglichen Stil herzurichten.*

123 Mitte *Die Bucht von Dahab gehört zu den beliebten Touristenzielen, ist jedoch weniger überlaufen als Scharm esch-Scheich am Roten Meer. Die Israelis gründeten das heutige Wirtschafts- und Verwaltungszentrum der Region.*

123 unten *Die Verantwortlichen des Nationalparks von Ras Mohammed kümmern sich auch um den Naturpark Abu Galum. Er umfasst ein fast unberührtes Gebiet weit abseits der üblichen Touristenrouten.*

-fauna. In der Antike legten vor allem Handelsschiffe aus Asien in den Häfen am Roten Meer an. Überreste aus dieser Zeit findet man noch in Myos Hormos, dem heutigen Abu Schar el-Kibli, in Leukos Limen (heute el-Quseir) sowie in Berenike.
In der antiken Hafenstadt Berenike traf die Karawanenstraße aus Qift im Niltal (dem heutigen Koptus) auf jene Routen, die bis ins Weihrauchland Punt führten. Über diese Strecke versorgten sich die Pharaonen mit Gewürzen und kostbarem Weihrauch. Unter römischer Herrschaft legten in Berenike sogar Schiffe aus Indien an.
Klöster, Ruinen von Tempeln und Festungen bergen aber auch die westlichen Oasen, kleine Inseln der Zivilisation inmitten der unendlichen Weite der Wüste, die 96 % des Landes bedeckt. Auf der linken Seite des Nil, der die Libysche von der Arabischen Wüste trennt, präsentiert sich Ägypten den ganz Unverwegenen noch einmal von seiner geheimnisvollsten Seite. Die Bewohner der Oasen bauen Oliven, Weizen, Gerste, Hirse, Baumwolle und Datteln an, immer im Kampf gegen die allzu glühende Umarmung, mit der die Wüste sie zu erdrücken sucht. Fruchtbarkeit und karge Einöde prallen hier mit solcher Heftigkeit aufeinander, dass die Oasen seit jeher auch einen Rückzugsort für Suchende darstellten. So pilgerten bereits in der Antike Reisende zu den Tempeln und zu dem berühmten Orakel in der Oase Siwa, wenn sie Rat suchten.
Die Oase Kharga gehört zu den heißesten Orten der Erde. Heute leben hier, inmitten der Wüste, überwiegend Nubier, die das Wasser des auf-

124–125 *Von den vier Riffs, die sich in der Meerenge von Tiran entlangziehen, ist Gordon Reef (im Vordergrund) das südlichste. Hier ist das Wasser reich an Fischen und Korallen.*

125 *Viele unterschiedliche Korallenarten leben im Roten Meer. Das mächtige Riff bietet einer Vielzahl von Tieren Nahrung und Schutz. Große Rochen (oben) sind hier ebenso heimisch wie beutegierige Haie (Mitte) und Fledermausfische (unten).*

126 oben *Ein Schwarm leuchtend gelber Masken-Falterfische durchstreift das Korallenriff, das kleine Korallentiere im Lauf von Jahrhunderten gebildet haben.*

126–127 *Zu den zahlreichen Meeresbewohnern, die in den Ausläufern des Korallenriffs Schutz suchen, gehört auch der leuchtend rote, blau gepunktete Korallenbarsch.*

127 oben *Günstige Bedingungen haben dafür gesorgt, dass sich das Korallenriff ausbreiten konnte: Das Wasser ist warm und stark salzhaltig, es gibt fast keine Sedimente und nur geringen Wellengang. Die unterschiedlichsten Tiere und Pflanzen leben im und um das Riff – Schwämme in allen Größen und Formen, Seeanemonen, Weichtiere und winzige Wirbellose machen das Korallenriff zu einem farbenprächtigen und artenreichen Lebensraum.*

127 unten *Sonnenstrahlen dringen durch das blaue Wasser und erhellen die feinen Äste einer Weichkoralle. Man muss keinen Tauchkurs besuchen, um die Schönheit der Unterwasserwelt selbst in Augenschein zu nehmen. Eine Taucherbrille, ein Schnorchel und ein Paar Flossen genügen, um das fantastische Riff mit seinen außergewöhnlichen und farbenprächtigen Kreaturen zu erforschen.*

128 oben links *Überreste eines Tempels für Isis, Horus und Serapis liegen in Kasr Dusch, im äußersten Osten der Oase Kharga. 1976 entdeckte man die Ruinen des unter Domitian, Trajan, Hadrian und Augustus errichteten Heiligtums. Der befestigte Posten an der Karawanenstraße in den Sudan entwickelte sich durch den Sklavenhandel zu einem bedeutenden Zentrum. 1988 machten Archäologen hier einen sensationellen Fund: In einem Gefäß lag Schmuck mit einem Goldanteil von 1,2 kg.*

128 oben rechts *Die Festung ed-Deir („das Kloster") liegt 24 km nördlich von el-Kharga. Die Römer erbauten sie im 2. bis 4. Jahrhundert an der Karawanenstraße nach Norden. Das mächtige rechteckige Fort mit 12 Türmen und einem Tempel beherrschte seinerzeit die Umgebung des Gebel Ghenneima.*

128–129 *In el-Bagawat, in der Oase Kharga, stehen die Überreste einer christlichen Kirche. Hier befinden sich auch etwa 100 Gräber aus dem 4. bis 10. Jahrhundert mit überkuppelter Grabkammer und bemalter Apsis. Sie erinnern an die der Ketzerei angeklagten Nestorianer, die in der Oase Zuflucht fanden.*

129 *Der 42 m lange, 20 m breite und 9 m hohe Tempel der antiken Stadt Hibis ist das einzige erhaltene Bauwerk aus persischer Zeit und zugleich das am besten erhaltene Bauwerk aller Oasen. Darius I. ließ ihn für die Thebanische Triade Amun, Mut und Chons errichten. Nektanebos II., die Ptolemäer und die Römer fügten Erweiterungen an. Noch heute können Reisende den monumentalen Eingang, den Hof, die Vorhalle, eine Säulenhalle mit 12 Säulen und das reich verzierte Heiligtum besichtigen.*

gestauten Nasser-Sees aus ihrer Heimat vertrieb. Die Oase blickt auf eine lange Geschichte zurück: Im 6. Jahrhundert v. Chr. retteten sich die Überlebenden der großen Armee des persischen Großkönigs Kambyses in das 100 km lange und 20–50 km breite Tal. Ptolemäer und Römer versuchten ihrer Herrschaft möglichst viele und auffällige Denkmäler zu setzen. Zwischen 435 und 451 bot Kharga dem Patriarchen von Konstantinopel, Nestorius, der der Häresie angeklagt war, Zuflucht.
Besucher, die das kleine archäologische Museum und das moderne Zentrum von el-Kharga hinter sich lassen, gelangen zu dem Tempel der antiken Stadt Hibis. Er ist vor Ort das einzige erhaltene Bauwerk aus persischer Zeit und zugleich das am besten erhaltene Heiligtum aller Oasen. Darius I. ließ den Tempel errichten, den Nektanebos II., die Ptolemäer und schließlich die Römer erweiterten.
Ruinen aus der frühchristlichen Ära finden sich dagegen in el-Bagawat: Dort steht eine Kirche inmitten von über 100 Lehmziegelgräbern aus dem 4. bis 10. Jahrhundert. Nicht weit davon liegen die Reste des von einer Mauer umschlossenen Klosters Kasr Ain Mustafa Kaschif. Im Unterschied zu dieser Festung des Glaubens diente das Fort von ed-Deir rein militärischen Zwecken, sieht man einmal von dem dazugehörigen Tempel ab. Den altägyptischen Göttern huldigte man auch in drei heute zerstörten Tempeln entlang der Wüstenstraße nach Süden. In Kasr el-Ghuita war das einzige religiöse Gebäude aus ptolemäischer Zeit (250–280 v. Chr.) Amun, Mut und Chons, der Thebanischen Triade, geweiht. Amunibis, die ibisköpfige Erscheinungsform des Götterkönigs, verehrte man dagegen in einem bis zur byzantinischen Epoche häufig frequentierten Tempel, von dem noch einige Überreste in Kasr Saijan zu sehen sind.
Im 4. Jahrhundert entstand Kasr Dusch, eine alten Grenzfestung, an der Karawanenstraße „Pfad der 40 Tage" in den Sudan. Am äußersten Südrand der Oase liegen die Ruinen eines Tempels der Isis, Horus und Serapis geweiht war mit Inschriften der römischen Kaiser Trajan, Domitian, Hadrian und Augustus.
In der 24 km langen und 45 km breiten Oase ed-Dakhla leben rund 35 000 Menschen in einem Dutzend Dörfer. Die Oase wartet mit den interessanten archäologischen Stätten auf. Neben den Mastabas der Nekropole Kila ed-Dabba aus dem Alten Reich gibt es in Balat Spuren

130 oben *Die Bewohner der Oase von Farafra, die inmitten einer weiten Ebene liegt, sind als gute Jäger bekannt. Etwa 1000 Menschen leben in der von einem steinernen Mauerring umgebenen Oase, die zugleich den Ausgangspunkt für Exkursionen in die Weiße Wüste bildet.*

130 unten *Der Wind, der seit Jahrtausenden durch die Weiße Wüste weht, hat etwa 30 km nördlich von der Oase Farafra seltsame, leuchtend weiße Kalksteinformationen geschaffen.*

130–131 *Zur Oase Siwa gehören zahlreiche Seen mit salzhaltigem Wasser und etwa 300 Thermalquellen, darunter die Bäder der Kleopatra. Die Oase liegt unweit der Grenze zu Libyen. Hier stand einst der berühmte Tempel des Zeus-Amun mit dem Orakel, das Alexander der Große 331 v. Chr. aufsuchte, um sich seine Herrschaft über Ägypten legitimieren zu lassen.*

131 oben links *Diese Aufnahme zeigt ein typisches Haus der Oase Siwa. In dem Gebiet leben heute etwa 10 000 Nachfahren eines Berbervolkes.*

131 oben rechts *Die Oase ed-Dakhla ist mit 35 000 Einwohnern die bevölkerungsreichste der westlichen Oasen. Hier gibt es eine Reihe interessanter Stätten, unter anderem die Überreste des Deir el-Hagar („Kloster der Steine") und einen römischen Sandsteintempel, der der Thebanischen Triade geweiht war.*

einer steinzeitlichen Siedlung sowie ein mittelalterliches Viertel mit der Zitadelle el-Kasr. Nicht weit vom alten Hauptort der Oase befinden sich die Ruinen eines römischen Tempels aus dem 1. Jahrhundert, der der Thebanischen Triade geweiht war und den Namen Deir el-Hagar trägt. Das von einer Lehmziegelmauer umgebene Heiligtum weist Hieroglypheninschriften mit den Namen Titus', Vespasians, Domitians und Neros auf.

In Karet el-Musabberin findet man reich verzierte römische Gräber; in Ahmeida erinnert noch manches an den Glanz der römischen Epoche. Spektakuläre Kalksteinformationen, die der Wind zu bizarren Gestalten geformt hat, prägen die kleine Oase Farafra inmitten der Weißen Wüste.

Die Oase Bahrija ist hügeliger und wirkt wegen des Sandes, der Spuren von Eisenerz enthält, dunkler als die meisten anderen. Etwa 26 000 Menschen wohnen in den Dörfern Zabu, Marija und Bawiti, nicht weit von mehreren interessanten Ruinen. Zu ihnen gehören Reste einer Festung und eines Triumphbogens aus römischer Zeit, einige Gräber sowie drei weitgehend zerstörte Tempel der 26. Dynastie, die später von Christen genutzt wurden. In el-Hais trafen ägyptische, römische und christliche Kulturen aufeinander. Hieran erinnern die Ruinen eines römischen Lagers und einer alten koptischen Kirche aus dem 5.–6. Jahrhundert, die dem heiligen St. Georg geweiht war.

Die grüne Oase Siwa, in der über 300 Thermalquellen sprudeln, liegt einsam an der Grenze zu Libyen. Nicht weit von der antiken Hauptstadt der Oase, Aghurmi, stand der Tempel des Zeus-Amun. Nur wenig ist von diesem einstmals imposanten Komplex erhalten. Lediglich einige Mauern und eine Fassade im ägyptischen Stil mit zwei dorischen Halbsäulen befinden sich noch an Ort und Stelle. Bekannt war vor allem das Orakel der Oase, das vermutlich sogar Alexander der Große aufsuchte, um sich als Pharao Ägyptens bestätigen zu lassen.

Tatsächlich schließt sich mit dieser historischen Persönlichkeit ein Kreis, der von Alexandria mit seinem weltberühmten Leuchtturm und der nicht minder bekannten Bibliothek weiter ins hektische, überlaufene und in sich zerrissene Kairo führte. Nur wenige Kilometer entfernt begann bei den Pyramiden von Giseh unsere Reise durch das Ägypten der Pharaonen, vorbei an den mächtigen Bauten von Sakkara, Dahschur und Maidum bis nach Theben mit den Amuntempeln in Luxor und Karnak und der thebanischen Nekropole im Tal der Könige und dem Tal der Königinnen. Bis nach Assuan verläuft die Reise auf dem Nil, die unzählige Forscher, illustre Persönlichkeiten und einfache Touristen bis heute unternommen haben, um die großartigen Altertümer Ägyptens kennen zu lernen. Den eigentlichen Endpunkt der Reise markiert dabei in der Regel nach wie vor Abu Simbel mit dem grandiosen Tempel Ramses' II. Aber auch abseits der typischen Routen gibt es viel zu sehen. Im Sinai erinnern zahlreiche Stätten an biblische Überlieferungen. Die Oasen schließlich, in die sich nur wenige Touristen verirren, bergen noch immer so manches Geheimnis. Gerade die vielen ungelösten Rätsel sind es wohl, die das Land für viele Besucher so attraktiv machen.

REGISTER

b = Bildunterschrift

136 *Die Grabungen, die unter der Leitung der Egypt Exploration Society durchgeführt wurden, brachten auch Gebrauchsgegenstände wie diese bemalte Holzkiste zutage. Sie befindet sich heute im Ägyptischen Museum in Kairo.*

BILDNACHWEIS

Archivio White Star: S. 34 oben, 34–35, 35, 42, 43 oben, 44 links, 44–45, 45 oben, 84 unten links, 84 oben rechts, 84 unten rechts, 85 rechts.
A. Attini/Archivio White Star: S. 13 oben links, 56, 56–57, 58 oben links, 59 oben links, 62, 63, 64, 65, 66 links, 71 oben rechts, 73 oben links, 75 oben rechts, 75 unten links, 76 oben links, 80 oben links, 80–81, 92 links, 93, 98–99, 101 oben und Mitte, 102 oben rechts, 104 unten links, 104–105, 105 oben links, 106, 106–107, 107 oben rechts, 108 links, 108–109, 109 oben links, 110 unten, 110–111, 111 oben rechts, 112 links, 113 oben rechts, 114, 115–118, 119, 123.
Giulio Veggi/Archivio White Star: S. 9, 70, 72, 73 oben rechts, 77, 78 oben, 80 oben rechts, 81, 96–97, 97, 99 oben rechts, 100, 100–101, 101 unten, 104 rechts, 105 oben rechts, 108 oben links und rechts, 109 oben rechts.
J. L. Charmet/Explorer: S. 47.
Damm/Bildagentur Huber/Sime: S. 88–89, 89 Mitte rechts, 102–103.
Giovanni Dagli Orti: S. 31, 59 oben rechts, 60 oben links.
Araldo De Luca/Archivio White Star: S. 3–6, 20, 21, 22, 23 links, 23 unten rechts, 24, 25, 26, 27, 28, 29, 30, 30–31, 32, 33, 36, 36–37, 38 oben, 39 oben und unten, 41 oben rechts, 60 unten rechts, 61, 66 rechts, 67, 68, 69, 136.
Giraudon/The Bridgeman Art Library: S. 78 unten links.
Andrea Iemolo: S. 120 oben rechts, 120–121, 121.
Enrico Martino: S. 107 oben links.
Josef Polleross/Regina M. Anzenberger/Ag. Franca Speranza: S. 113 oben links.
Guido Rossi/The Image Bank: S. 82–83.
R. Schmid/Bildagentur Huber/Sime: S. 103.
A. Siliotti/Realy Easy Star: S. 120 oben links.
Roger Viollet: S. 41 unten links.

Die Karte auf S. 18–19 stammt von Betty Vandone.